W0085885

Thomas Titz

Grundkurs
Aquarienpflanzen

84 Farbfotos
6 Zeichnungen

E.U.

VERLAG
EUGEN
ULMER

Vorwort

Für meine Ehefrau Andrea und meine Söhne Robin und Fabian.

Besonderen Dank schulde ich Frau Renate Fissenewert-Gerlach und Herrn Ulrich Gerlach von der Wasserpflanzen-Gärtnerei Paul Kloecker. Ohne ihre freundliche und fachliche Unterstützung wäre es mir nicht möglich gewesen, dieses Aquarienpflanzenbuch in dieser Form so informativ niederzulegen. Weiterer Dank gebührt auch der Wasserpflanzengärtnerei Dennerle sowie der Aquarienpflanzengärtnerei ZOO-LogiCa Leidholdt & Kaliebe, die durch die Bereitstellung von Pflanzen zum Gelingen beitrugen.

Thomas Titz

Mut zur Pflanze – denn Pflanzen sind ein bedeutender Baustein eines biologisch intakten Aquariums. In der Praxis sieht es leider oft anders aus. Immer noch stehen in der Aquaristik die Fische in der Käufer- und Verkäufergunst, und genau hier will das vorliegende Buch ansetzen. Thomas Titz, engagierter Aquarianer mit ausgeprägtem Sinn für die Grundregeln der Aquaristik, bringt sowohl dem Einsteiger als auch dem fortgeschrittenen Aquarianer das Thema Aquarienpflanzen in leicht verständlicher Form nahe. Das ist auch ganz gut so, denn der Anteil an Pflanzen im Aquarium ist immer noch viel zu gering.

Viele Probleme ließen sich durch den Einsatz von mehr Pflanzen ohne weiteres beheben. Erinnern wir uns an den Biologie-Unterricht unserer Schulzeit: Hier war es die gute alte Wasserpest (*Egeria densa*), die im Miniaquarium mit übergestülpter Glasglocke zum Sauerstoffnachweis herangezogen wurde. Und heute nun sollen die unzähligen, teils biologischen, teils chemischen, Hilfsstoffe die Ökologie im Aquarium stabilisieren?

Sinn und Zweck dieses Buches soll es also sein, Sie nicht nur im Umgang mit den Pflanzen, sondern auch mit den sie umgebenden Faktoren, wie Bodengrund, Wasser, Licht und Düngung, zu sensibilisieren. Denn es kommt auf alle Wachstumsfaktoren gleichermaßen an, wenn Sie möglichst viel Freude und Nutzen an den im Fachhandel erworbenen Aquarienpflanzen und ihrem Aquarium überhaupt haben wollen.

Die Vielzahl der heute angebotenen Arten und Sorten ermöglicht es Ihnen, eine abwechslungsreiche Gestaltung im Aquarium vorzunehmen. Von der »Zwergrasen-Wiese« bis zum »Vallisnerien-Wald« haben Sie ungezählte Möglichkeiten, Ihrer Kreativität freien Lauf zu lassen. Nutzen Sie diese Chance, bringen Sie mehr Natur in Ihr Aquarium, denn ganz nebenbei gesagt, wie wär's in Zukunft mit dem Satz: Vor lauter Pflanzen sieht man die Fische nicht mehr!

Köln, im Frühjahr 2002

Ulrich Gerlach
Wasserpflanzengärtnerei Paul Kloecker, Köln-Niehl

Inhalt

3

Aquarienpflanzen

Pflanzen im Aquarium haben für viele Aquarianer einen hohen Stellenwert. Sie vermitteln ein naturnahes Aussehen und setzen mit frischen grünen oder bunten Farbtönen Kontraste. Außerdem bieten die Aquarienpflanzen den Tieren die Möglichkeit der Deckung und Revierbildung oder dienen als Substrat für ihren Laich. Trotz der hohen Anforderungen an die Pflanzen wird jedoch nur selten an die Ansprüche der einzelnen Gewächse gedacht.

Überfordert von der angebotenen Vielfalt im Aquaristikfachhandel, erwirbt vor allem der Einsteiger neue Pflanzen nur nach seinen optischen Vorstellungen. Nach der anfänglichen Freude über seinen vermeintlichen »grünen Daumen« muss der frisch gebackene Unterwassergärtner jedoch sehr bald feststellen, dass sich seine vormals stolze Pflanzenpracht so langsam aus dem Aquarium verabschiedet. Die Ursache für das Scheitern wird häufig ignoriert, was entweder einen Neukauf oder einen Verzicht auf Wasserpflanzen zur Folge hat. Mit beiden Methoden gelangt man jedoch nicht zu einem befriedigenden Ergebnis.

Als Lebewesen benötigt auch die »Dekoration« Pflanze eine gewisse Pflege.

Ziel und Zweck dieses Buches sind es, bei allen Aquarianern mit ihren so verschiedenen Vorlieben ein Verständnis für das Lebewesen Pflanze zu erwecken. Mit diesem Verständnis und den in diesem Buch nachzulesenden langjährigen praktischen Erfahrungen hoffe ich, bei der Schaffung eines Aquarienklimas behilflich zu sein, das sowohl den Fischen als auch den Pflanzen zusagt. Um Aquarienpflanzen auf Dauer erfolgreich zu kultivieren, ist es besonders wichtig, verständliche, praxisorientierte und vor allen Dingen umsetzbare Informationen zu vermitteln. In der Zusammenarbeit mit der traditionsreichen Wasserpflanzengärtnerei Paul Kloecker konnte ich auf einen Erfahrungsschatz von über sechzig Jahren im Umgang mit der Wasserpflanze zurückgreifen und ihn in diesem Buch niederlegen.

In Anpassung an ihren jeweiligen Lebensraum entwickelten sich die unterschiedlichsten Pflanzenformen.

Was ist eine Aquarienpflanze?

Verschiedene Umweltfaktoren (Licht, Nährelemente, Wasserstandshöhe und Temperatur) an verschiedenen Standorten haben die Entwicklung der unterschiedlichsten Pflanzenformen und Farben begünstigt. Für die Gruppierung der Pflanzenarten in Gattungen und Familien ist der äußere Aufbau (die Morphologie) der Gewächse ein Hilfsmittel besonderer Wichtigkeit. Stängel-, Rosetten-, Rhizom- und Schwimmpflanzen zeigen charakteristische Wuchsformen. Bei typischen Aquarienpflanzen handelt es sich meistens um mehrjährige, krautige und im Spross nicht verholzende Pflanzen.

Die individuelle Form (der Habitus) einer Pflanze ist abhängig von den Wachstumsfaktoren des jeweiligen Standortes. Fehlt oder verändert sich einer dieser Faktoren, so verändert sich auch das äußere Erscheinungsbild der Pflanze. Diese Abhängigkeit entscheidet in der Natur wie auch im Aquarium über Gedeih oder Verderb. Die Pflanze lässt sich äußerlich grob in Wurzel, Spross, Blatt, Blüte und Frucht unterteilen. Jeder dieser Abschnitte hat seinen eigenen Aufgabenbereich.

5

Für den sicheren Halt der Pflanze sorgen die **Wurzeln** mit der Bildung eines Wurzelgeflechtes im Bodengrund. Während sich die stärkeren Wurzeln im Boden verankern, sorgen die feinen Seitenwurzeln für die Aufnahme von im Boden befindlichen Nährstoffen. Bei amphibisch lebenden Aquarienpflanzen wie Wasserkelchen (Cryptocorynen) sind die Wurzeln in der Trockenperiode auch für die Aufnahme des lebensnotwendigen Wassers zuständig. Gesunde, unterirdisch wachsende Wurzeln zeigen meist ein weißes Gewebe, da in ihnen das Chlorophyll (Blattgrün) fehlt. Oberirdische Pflanzenteile, die dem Sonnenlicht ausgesetzt sind, enthalten dagegen Chlorophyll und sind grün gefärbt.

Träger aller Blätter, Blüten und Früchte ist die oberirdisch wachsende **Sprossachse**. Eine ihrer wichtigsten Aufgaben ist die Ausrichtung aller Blätter zum Sonnenlicht, um für die Pflanze eine möglichst große Lichtausbeute zu erzielen. Weiterhin sorgt sie für den Transport von Wasser und nährstoffreichen Verbindungen. Bei lediglich periodisch unter Wasser lebenden Pflanzen, zum Beispiel der Wasserähre (*Aponogeton*), dient der zum Speicherorgan umgewandelte Spross (Sprossknolle) zur Speicherung der Nährstoffe. Da in der Trockenperiode keine Überwasserblätter gebildet werden, entzieht diese Sprossknolle beim Absinken des Wasserstandes den Blättern alle verwertbaren Nährstoffe. Dieser Vorgang ist mit der Verfärbung der Blätter von Laubbäumen im Herbst vergleichbar. Steigt zur Regenzeit der Wasserspiegel wieder an, so stellt die Knolle die Nährstoffreserven wieder der erneuten Blattbildung zur Verfügung.

Das **Blatt** ist das Hauptorgan der meisten Pflanzen. Vergleichbar mit einem Kraftwerk, werden zur Photosynthese Sonnenlicht, Wärme, Kohlendioxid, Wasser und Nährstoffe über das Blattgewebe aufgenommen. Sie werden zu energiereichen Verbindungen umgewandelt, die für das Wachstum der Pflanzen erforderlich sind. Ohne das »Abfallprodukt« dieses Vorganges, den Sauerstoff (O_2), wäre für die meisten Organismen der Erde keine Existenz möglich.

Was für ein Unterschied: oben ein Unterwasserblatt, unten ein Überwasserblatt einer Schwertpflanze.

Buntblättrige Pflanzen

Neben den verschiedenen Blattformen ermöglichen unterschiedlich gefärbte Blätter mancher Pflanzenarten, dekorative Akzente im Aquarium zu setzen. Leider gilt oft die Regel: je bunter, desto höher die Ansprüche an die Kulturbedingungen im Aqurium. Für den Einsteiger empfiehlt es sich, mit einem Erstbesatz von grünlaubigen Gewächsen zu starten und sich erst nach erfolgreicher Kultur buntblättrige Pflanzen anzuschaffen. Durch die überwältigende Blattform- und Farbenfülle ergeben sich eine Vielzahl an Möglichkeiten, das Aquarium dekorativ zu bepflanzen.

Für den Aquarianer gehört das Blatt zu den Hauptunterscheidungsmerkmalen bei der Bestimmung einer bestimmten Pflanzengruppe oder Art. Durch sein äußeres Erscheinungsbild lassen sich die Pflanzen grob zuordnen. Jedoch reicht es leider nicht immer aus, eine Pflanzengattung und Art nur über das Blatt zu bestimmen. Zudem können sich die submersen (unter Wasser befindlichen) Blätter in ihrem Aussehen von den emersen (über Wasser befindlichen) stark unterscheiden. Die Einteilung nach den Blattmerkmalen ermöglicht aber dem Einsteiger, sich innerhalb der im Fachhandel angebotenen Pflanzenvielfalt zu orientieren.

Pflanzen sind die wichtigsten Sauerproduzenten der Erde.

Generell können große und grobblättrige Pflanzen als in der Pflege relativ genügsam bezeichnet werden. Ihre Ansprüche an die Beleuchtungsstärke sind meistens eher gering. Für ein optimales Wachstum benötigen sie aber eine ausreichende Versorgung mit Nährstoffen, die sie über das Blatt (Flüssigdünger) oder über die Wurzeln (eisenhaltiger Ton) aufnehmen. Eine zusätzliche Versorgung mit Kohlendioxid (CO_2, siehe Seite 30) ist auch bei diesen Pflanzen von Vorteil.

Je feiner und bunter die Blattstruktur, desto höher sind die Kulturansprüche.

Pflanzen mit einer feineren Blattstruktur stellen an die Kulturbedingungen im Aquarium oft höhere Ansprüche. Meist handelt es sich um Stängelpflanzen, die für ihr Wachstum eine regelmäßige und wohldosierte CO_2-Zugabe benötigen. Die Versorgung mit Nährstoffen erfolgt über das Blatt mit einem handelsüblichen Flüssigdünger.

Blüten können im Aquarium nur selten beobachtet werden. Eine Vielzahl der im Aquarium verwendeten Pflanzen (etwa *Anubias* und Cryptocorynen) führen am natürlichen Standort eine amphibische Lebensweise. Hier ist die Höhe des Wasserstandes abhängig von der Menge der Niederschläge. In den niederschlagsarmen Jahreszeiten sinkt der Wasserstand der Gewässer rapide ab, so dass die Pflanzen von der submersen (unter Wasser) zur emersen (über Wasser) Wuchsform übergehen. In dieser emersen Wachstumsphase ist dann auch eine generative (geschlechtliche) Fortpflanzung mittels Blütenbildung möglich. Aufgrund der ständig gleich bleibenden Wasserstandshöhe im Aquarium gehört die Blütenentwicklung jedoch zu den Seltenheiten.

In einem offenen Aquarium, in dem Stängelpflanzen auf der Wasseroberfläche fluten können, ohne regelmäßig eingekürzt zu werden, ist schon eher mit einer Blütenbildung zu rechnen. Blüten sind auch an den periodisch Blätter tragenden Wasserpflanzen zu erwarten, wie an den schon anfangs erwähnten Wasserähren (*Aponogeton*). Diese Pflanzen bilden von der Basis ausgehende Blütenähren, die zur Wasseroberfläche empor streben und dort ihre Blüten öffnen. Auch die Schwertpflanzen der Gattung *Echinodorus* entwickeln bei entsprechenden Kulturbedingungen einen Trieb, der aus dem Wasser emporstrebt, um dort Blüten zu bilden.

Eine **Samenbildung** an blühenden Aquarienpflanzen ist aufgrund der fehlenden Pollenüberträger (Insekten) nicht zu erwarten und oft auch nicht nötig. Die meisten Aquarienpflanzen sind unter geeigneten Bedingungen in der Lage, sich vegetativ (ungeschlechtlich) durch Ausläufer, Adventivpflanzen oder Seitensprosse zu vermehren. Bei den Knollen bildenden Wasserähren ist man leider auf eine geschlechtliche Vermehrung über die Blüte angewiesen, da innerhalb dieser Gattung bis auf wenige Ausnahmen keine vegetative Vermehrung zu erwarten ist.

Ein ungewohnter Anblick bei einer Aquarienpflanze: Blütentrieb einer Schwertpflanze.

Woran erkennt man Aquarienpflanzen?

Trotz der im Fachhandel angebotenen großen Auswahl an Aquarienpflanzen findet man leider immer wieder Gewächse, die aufgrund ihrer Ansprüche nicht für eine dauerhafte Unterwasserkultur verwendet werden können. Oft handelt es sich um Pflanzen aus feuchten tropischen Gebieten, die eher für ein Terrarium mit einer erhöhten Luftfeuchtigkeit oder für die Fensterbank geeignet wären. Um einen dauerhaften Erfolg in der Kultur von geeigneten Pflanzen zu erzielen, ist es notwendig, die im Handel erhältlichen

Arten in die Sparten Wasserpflanzen, Sumpfpflanzen und für die Aquaristik ungeeigneten Pflanzen einzuordnen.

Richtige **Wasserpflanzen** sind aufgrund ihrer feinen und grazilen Struktur relativ einfach zu erkennen. Durch ihr ausschließlich submerses Wachstum ist es für die Pflanze nicht erforderlich, ein Gewebe mit fester und stabiler Struktur zu bilden. Das ist besonders deutlich bei der Entnahme aus dem Wasser zu erkennen. Aufrecht gehalten durch den Auftrieb, fallen die Wasserpflanzen außerhalb ihres Elementes durch ihr eigenes Gewicht in sich zusammen. Ein schönes Beispiel für eine richtige Wasserpflanze ist die beliebte und zum Standardsortiment des Handels gehörende Haarnixe (*Cabomba*).

Die am natürlichen Standort amphibisch lebenden tropischen **Sumpfpflanzen** bilden den größten Teil des Aquarienpflanzensortimentes. Durch ihre Anpassung an wechselnde Wasserstände bilden sie entweder submerse oder emerse Blätter aus. Ähnlich wie bei den Wasserpflanzen haben die submersen Blätter der Sumpfpflanzen eine feine und weiche Struktur. Im Unterschied dazu besitzen sie jedoch keine durchscheinenden Blätter.

In Anpassung an eine untergetauchte Lebensweise bilden Sumpfpflanzen (hier das Seegrasblättrige Trugkölbchen) im Vergleich zum emersen Blatt feinere und weichere Strukturen aus.

Für die Aquaristik ungeeignete Pflanzen

Häufig werden tropische **Landpflanzen** als Aquarienpflanzen angeboten und vom Aquarianer aufgrund ihrer außergewöhnlichen Form oder besonders auffälligen Färbung erworben. Diese Gewächse, die in einer submersen Kultur nicht gedeihen können, zeigen ihre »wahre Pracht« nach wenigen Wochen oder Monaten stagnierenden Wachtums. Aufgrund des gestörten Stoffwechsels stoßen die Pflanzen ihre Blätter ab und bilden im Gegensatz zu den emers kultivierten Aquarienpflanzen keine neuen.

Es ist sicher möglich, Landpflanzen für eine kurze Zeit im Aquarium zu hältern, sie bei den ersten Anzeichen von Störungen aus dem Becken zu entnehmen und sie dann wieder in emerser Kultur »aufzupäppeln«. Diese in meinen Augen nicht artgerechte Kultur überfordert den Aquarianer oft, denn er verpasst meist den richtigen Zeitpunkt.

Um Fehlkäufe von vornherein ausschließen zu können, ist eine Unterscheidung von Landpflanzen und emers kultivierten Aquarienpflanzen besonders wichtig. Diese Bestimmung ist nicht immer einfach und erfordert schon einen geübten Blick. Typische Erkennungsmerkmale der Landpflanzen sind oft harte, lederartige oder behaarte Blattstrukturen. Die Stängel sind meist hart bis verholzend und lassen sich recht deutlich von den Stängeln der Aquarienpflanzen unterscheiden. Wenn man vor dem Kauf die Bepflanzung plant und im Fachhandel ehrlich und qualifiziert beraten wird, besteht jedoch kaum die Gefahr, an ungeeignete Gewächse zu geraten.

Das umfangreiche Aquarienpflanzensortiment erlaubt eine abwechslungsreiche Gestaltung, ohne auf Landpflanzen zurückzugreifen.

Prothesen aus Kunststoff

Wie bei den für eine submerse Haltung ungeeigneten Pflanzen stellt man sich beim Anblick der **Kunststoffpflanzen** die Frage, warum dem Kunden derartige Artikel trotz eines reichhaltigen Aquarienpflanzen-Sortimentes angeboten werden. Hauptabnehmer für diese biologisch wertlosen »Kunstobjekte« sind häufig Aquarianer, die in der Pflanze nur ein Objekt der Dekoration sehen und sich nicht für ihre Bedürfnisse und ihre biologische Wirkung im Aquarium interessieren. Oft entschließt man sich auch nach anfänglichen Scheitern mit echten Pflanzen zum Erwerb der pflegeleichten Kunststoffprodukte.

Wie wir im Verlauf dieses Buches erfahren können, dient die lebende Pflanze jedoch nicht nur der Dekoration, sondern erfüllt

Kunststoffpflanzen sind nicht in der Lage, wie ihre lebenden »Verwandten« zu einem gesunden Aquarienklima beizutragen.

10

Für das Aquarium
ungeeignete Land-
pflanzen:
Cryptanthus, besser
als Epiphyt im Terra-
rium untergebracht.

Die grün-weiße Fit-
tonie (*Fittonia argyro-
nauta*), ein Boden-
decker für das
Paludarium.

Der Drachenbaum
(*Dracaena*), eine
Topfpflanze für das
Wohnzimmer.

Emerse Kultur in der Wasserpflanzen-Gärtnerei	Aus wirtschaftlichen Gründen werden Sumpfpflanzen in den Wasserpflanzengärtnereien fast immer emers kultiviert. Durch diese Überwasserkultur bildet sich ein Blattwerk mit einer festen Struktur, ähnlich wie bei tropischen Landpflanzen. Bei einer Verwendung von emers kultivierten Pflanzen im Aquarium kann es zu einem Abstoßen der Überwasserblätter kommen, was vorübergehende Störungen der Photosynthese zur Folge hat. Werden bei der Neueinrichtung eines Aquariums zum größten Teil Gewächse aus emersen Kulturen verwendet, kann es daher zu anfänglichen Wasserbelastungen durch zu hohe Nitratkonzentrationen kommen. Erst wenn die Pflanzen neue, meist im Aussehen von den Überwasserblättern abweichende submerse Blätter gebildet haben, erreicht ihr Stoffwechsel wieder das normale Niveau.

auch wichtige biologische Aufgaben, ohne die ein erfolgreicher Betrieb eines Aquariums nur schwer möglich wäre. Kunststoffpflanzen sind jedoch biologisch absolut wertlos. Die anfängliche »Schönheit« dieser neuen und sauberen Pflanzenprothesen ist nicht von Dauer. Infolge einer erhöhten Nitratkonzentration im Aquariumwasser – Kunststoff kann im Vergleich zur lebenden Pflanze keine Stoffwechselendprodukte verwerten – finden alle sich in diesem Milieu wohlfühlenden Algenarten genügend Nahrung. Die Kunststoffpflanzen sind natürlich ein ideales Substrat für die Algen; sie können sich an ihnen besonders erfolgreich festsetzen. Schnell werden die anfänglich sauberen Kunststoffgewächse zu hässlichen Algenfängern, die sich nur sehr schlecht oder überhaupt nicht reinigen lassen.

Die »Schönheit« der Kunststoffpflanzen ist schnell vergänglich.

Um den aquaristischen Erfolg nicht zu gefährden, empfehle ich, die Finger von diesen Kunstprodukten zu lassen und lieber robuste und pflegeleichte Aquarienpflanzen zu erwerben, die so manchen Fehler in der Kultur verzeihen. Besonders treffend bezeichnete Horst (1992) die Nutzung von Kunststoffpflanzen im Aquarium: »Konsequenter wäre es bei einer Verwendung von Plastikpflanzen, auch Fische aus Kunststoff einzusetzen.«

Mehr als nur Dekoration

Aquarienpflanzen stellen nicht nur eine Dekoration dar. Mit ihrem Stoffwechsel dienen sie der Aufrechterhaltung der Wasserqualität und der Sauerstoffproduktion. Als Reviergrenze, Schutzzone oder Ablaichsubstrat sind sie ein wichtiger Faktor im Lebensraum der Fische.

Die Photosynthese der Aquarienpflanzen kommt dem Aquariummilieu sichtlich zugute.

Die Grundlage für die Existenz der meisten Lebewesen ist die Photosynthese der grünen, Chlorophyll enthaltenden Pflanzen. Unter Ausnutzung der Lichtenergie sind diese Pflanzen befähigt, aus dem in der Luft enthaltenen Kohlendioxid (CO_2) und dem Wasser (H_2O) Kohlenhydrate (etwa Traubenzucker, Stärke) aufzubauen. Voraussetzung für die Photosynthese der grünen Pflanzen ist das Chlorophyll (Blattgrün) in den Chloroplasten ihrer Zellen. Mit der Photosynthese wird die Energie des Lichtes anderen Lebewesen zugänglich gemacht. In Abhängigkeit von äußeren und inneren Faktoren wird der Ablauf und die Intensität der Photosynthese beeinflusst. Diese Abhängigkeit ist besonders deutlich in der Aquarienkultur festzustellen, wo bei geringem oder ungeeignetem Licht, Kohlendioxidmangel und einer falschen Temperierung des Wassers Störungen im Ablauf der Photosynthese auftreten können.

Biofilter Aquarienpflanze

In der begrenzten Wassermenge des Aquariums kommt es durch die Stoffwechselvorgänge aller Aquariumbewohner zu einer Anreicherung bestimmter Stoffe. Durch den Abbau von Eiweißen (Tiere, Pflanzen, Futter) entsteht als vorläufiges Endprodukt Nitrat. Dieses Nitrat ist im Süßwasseraquarium für den Fischbestand relativ ungefährlich. Bei erhöhten Konzentrationen treten jedoch oft Algenprobleme auf. Um den unerwünschten Algen die Grundlage ihrer Existenz zu nehmen, ist es notwendig, den Nitratgehalt auf einen möglichst niedrigen Wert von höchstens 50 mg/l zu senken.

Zur Senkung des Nitratgehaltes ist der »Biofilter Pflanze« besonders erfolgreich. Durch die Aufnahme von Nährstoffen aus dem Aquariumwasser, zu denen auch das Nitrat gehört, wird ihre Konzentration kontinuierlich reduziert. Besonders die schnell wachsenden Stängelpflanzen, sogenannte »Nitratkiller« wie der Sumpffreund (*Limnophila*), sind für diese Aufgabe bestens geeignet. Langsam wachsende Aquarienpflanzen sollte man wegen der geringeren Nährstoffaufnahme erst dann einpflanzen, wenn sich die Aquariumverhältnisse auf ein pflanzenfreundliches Milieu eingependelt haben.

Bei der Neurichtung eines Aquariums sollte man schnell wachsende Pflanzen bevorzugen.

Fischlebensraum Wasserpflanze

Schutzzonen

Zum Schutz vor Fressfeinden, Konkurrenten oder aggressiven Geschlechtspartnern benötigen die meisten Fische Versteckmöglichkeiten. Aber auch der Fisch in der Rolle des Jägers benötigt einen Unterstand, um für seine Beute unerkannt zu bleiben.

In der Natur bilden ins Wasser hineinragende Wurzeln und Äste sowie dichte Pflanzenbestände diese Schutz- und Standplätze. Entscheidet sich der Aquarianer für die Pflege von Fischarten, die

Dichte Pflanzenbestände (hier die Amerikanische Sumpfschraube, *Vallisneria americana* var. *americana*) bieten den Fischen Schutz und Rückzugsmöglichkeiten.

Dicht bepflanzte Aquarien bieten den Fischen nicht nur einen qualitativen Fischlebensraum, sondern verleihen dem Aquarium auch einen naturnahen Charakter.

derartige Lebensräume bewohnen, sollte er diesen Aspekt bei der Gestaltung seiner Unterwasserlandschaft berücksichtigen. Vernachlässigt er die Bedürfnisse der Tiere, könnte die Freude an ihnen von kurzer Dauer sein. Ohne Schutzplätze reagieren viele Fische besonders schreckhaft. Der Stress oder auch ein Sprung aus dem Aquarium können für die Tiere tödlich sein.

Im Aquarium lassen sich Schutzzonen sehr leicht mit einer dichten Randbepflanzung aus Stängelpflanzen und anderen Aquarienpflanzen mit dichtem Blattwerk erstellen. *Cabomba-* und *Rotala*-Arten werden gern von kleineren Fischen und dicht stehende, grasartige (*Vallisneria*) oder großlaubige (*Echinodorus*) Pflanzen von größeren Fischen angenommen. Dichte Pflanzenbestände dienen in der Natur auch als »Kinderstuben«, in denen die Jungen Schutz vor Fressfeinden sowie genügend Nahrung vorfinden können. Neben den für die Fische nützlichen Aspekten verleihen dichte Pflanzenzonen dem Aquarium oft ein naturnahes Aussehen und bieten dem Betrachter eine Vielzahl an Beobachtungsmöglichkeiten.

Ablaichpflanzen
Für eine erfolgreiche Vermehrung benötigen viele Fischarten ein Substrat (Unterlage), auf dem sie ablaichen können. Neben Kies, Steinen, Wurzeln und Ästen gehören Pflanzen zu den bevorzugten Ablaichsubstraten. Die von den Fischen benutzten Substrate

Das Javamoos
(Mitte) ist eine ideale
Ablaichpflanze für
freilaichende Fische.

werden von ihnen nach bestimmten Kriterien ausgewählt. Sie bieten dem Fischlaich meist den nötigen Halt, den schlüpfenden Fischlarven Schutz und Deckung und beherbergen oft die benötigte Nahrung, um ein Heranwachsen der Fischbrut zu gewährleisten.

So verschieden die Fischarten auch sind, so verschieden sind auch Ablaichverhalten und benötigtes Substrat. Großblättrige Aquarienpflanzen, etwa die südamerikanischen Schwertpflanzen (*Echinodorus*), werden häufig von Buntbarschen ausgewählt, zu denen auch der Skalar (*Pterophyllum*) zählt. Nach sorgsamer Prüfung und anschließendem Putzen der Blattoberseite heften die Segelflosser ihren Laich an die gesäuberte Blattfläche an.

An lang- und grobstängeligen Pflanzenarten wird mitunter der Laich unmittelbar am Stängel abgesetzt. Freilaichende Fischarten bevorzugen oft feingliederige Stängelpflanzen, zwischen denen sie ihre Geschlechtsprodukte abgeben. Hierfür eignen sich besonders *Cabomba*-, *Limnophila*- und *Myriophyllum*-Arten. Diese Arten spielen aufgrund des Abbaues von Stoffwechselendprodukten bei gleichzeitiger starker Sauerstoffproduktion eine sehr wichtige Rolle bei der Entwicklung des Fischlaichs. Bietet man Pflanzen mit

Viele Fischarten suchen gern Schwimmpflanzen auf. Sie finden durch den ins Wasser fallenden Schatten einen sicheren Unterstand. Bei manchen Arten dienen die Pflanzen auch als Laichsubstrat.

einer gröberen Struktur und einer geringeren Sauerstoffproduktion an, muss man mit erhöhten Verlusten rechnen.

Eine weitere sehr gern verwendete Ablaichpflanze ist das Javamoos (*Vesicularia dubyana*). Persönlich konnte ich mit dieser feingliederigen Pflanze sehr gute Zuchtergebnisse bei einigen Panzerwelsarten (*Corydoras*) erzielen. Die zu den Haftlaichern zählenden Welse legten ihre Eier meist einzeln oder in kleinerer Anzahl in die feine Struktur dieses Mooses ab.

Viele Labyrinthfische benötigen für ihren Laich keine direkte Ablaichpflanze. Sie bauen vielmehr ein Schaumnest an der Wasseroberfläche, in das der Laich eingebettet wird. Um dieses Schaumnest seitlich zu fixieren und stabilisieren, verwenden Fadenfische oft schwimmende Wasserpflanzen. Eine ideale Pflanze für den Nestbau ist das Lebermoos (*Riccia fluitans*). Aufgrund der feinen Struktur ist das Lebermoos eine perfekte Stütze für das aus Luftblasen bestehende Schaumnest.

Revierbildung

Eine Vielzahl der im Handel angebotenen Fischarten benötigt einen gewissen Raum im Aquarium für die Bildung von Revieren. Diese werden gegen Artgenossen oder artfremde Tiere verteidigt, und hier finden Balz, Eiablage und Aufzucht des Nachwuchses statt. Um diese Reviere von benachbarten abzugrenzen, werden von den Fischen gern Pflanzen als Mittel- und Eckpunkte angenommen. Bei der im Mittelpunkt stehenden Pflanze handelt es sich oft auch um das Ablaichsubstrat. Verschiedene Buntbarsche bevorzugen großblättrige Pflanzenarten wie Schwertpflanzen (*Echinodorus*), während Freilaicher wie der Kaisersalmler (*Nematobrycon*) eher feinblättrige Pflanzen (*Cabomba*- und *Limnophila*-Arten) annehmen.

Grundlagen der Wasserpflanzenkultur

Will man einen guten Pflanzenwuchs erzielen, sollte man sich schon bei der Einrichtung des Aquariums mit den Bedürfnissen der Pflanzen auseinandersetzen. Wasser, Bodengrund, Beleuchtung und Nährstoffe spielen bei der Wasserpflanzenkultur eine große Rolle.

Geeignete Aquarien

»Wer die Wahl hat, hat die Qual.« Dabei spielt es eigentlich keine Rolle, ob der Käufer sich für den eher klassischen rechteckigen Stil eines Glasaquariums oder für eher abgerundete Formen aus Plexiglas entscheidet. Jedes Verarbeitungsmaterial hat seine Vor- und Nachteile, die jeder selber abwägen muss.

Der Pflanze ist es vollkommen gleichgültig, welche Form das Aquarium hat. Viel wichtiger ist ihr, dass alle Wachstumsfaktoren vorhanden sind.

Der Aquarienpflanze ist es völlig gleichgültig, ob das erworbene Aquarium rund ist, vier, sechs oder acht Ecken besitzt. Wichtig ist allein, dass den gepflegten Pflanzen genügend Raum zur Verfügung gestellt wird, in dem sie sich optimal entwickeln können. Wenn es um die Abmessungen des Aquariums geht, ist der Einsteiger stets gut beraten, ein möglichst großvolumiges Becken zu erwerben. Aquarien mit einem zu geringen Wasservolumen sind eher instabil in Bezug auf die Wasserqualität. Um dieses Anfangsrisiko zu mindern, ist es ratsam, mit einem Becken ab 100 Liter Nettowasservolumen (Inhalt abzüglich der Einrichtung) zu starten. Empfehlenswert ist es weiterhin, sich für eine möglichst große Grundfläche zu entscheiden. Mit einer größeren Tiefe lässt sich die Einrichtung viel einfacher und natürlicher gestalten als mit einer geringeren.

Hohe Aquarien haben oft einen besonderen Reiz, wenn Aquarienpflanzen zur Wasseroberfläche emporstreben. Durch eine große Beckenhöhe wird die optimale Ausleuchtung des Aquariums jedoch schwierig. Schon nach wenigen Zentimetern Eindringtiefe der Lichtstrahlen in das Wasser ändern sich die Beleuchtungsstärke und das Spektrum des Lichtes sehr. Bei einer Wassertiefe von 10 cm treten durchschnittlich bis zu 40 Prozent und bei

Ideale Wasser-werte (nach Horst 1992)	Temperatur	25 bis 26 °C
	Leitwert	etwa 300 bis 350 µS/cm
	Gesamthärte	8 bis 10 °dGH
	Karbonathärte	4 bis 6 °KH
	pH-Wert	6,8 bis 7,2
	CO_2	10 bis 20 mg/l
	Sauerstoff, morgens	etwa 5 bis 6 mg/l
	Sauerstoff, abends	etwa 8 bis 10 mg/l
	Eisen	0,05 bis 0,1 mg/l
	Nitrat	höchstens 5 mg/l
	Ammonium	0,1 mg/l
	Phosphat höchstens	0,1 mg/l

40 cm bis zu 70 Prozent Lichtverlust ein. Ist das Aquarium zu hoch, kann der in Bodennähe herrschende Lichtmangel negative Auswirkungen auf das Pflanzenwachstum haben. Weiterhin behindern zu hohe Beckenabmessungen alle erforderlichen Wartungsarbeiten im Becken und lassen selbst kleinste Pflanzarbeiten zur Tortur werden. Der Fachhandel bietet zwar Pflanzzangen an, die als verlängerter Arm dienen sollen. Man verliert bei ihrer Benutzung jedoch das erforderliche Fingerspitzengefühl im Umgang mit der Pflanze. Alle Aquarien, die höher als 60 cm sind, lassen eine bequeme Bepflanzung nicht mehr zu.

Hohe Aquarien haben einen besonderen optischen Reiz. Neben dem Lichtverlust ist jedoch ein weiterer Nachteil, dass kein bequemer Umgang mit der Pflanze mehr möglich ist.

Wasser ist nicht gleich Wasser

Das »Lebenselexier« Wasser wird oft mit der größten Selbstverständlichkeit aus dem Wasserhahn entnommen, um damit das Aquarium zu befüllen. Im Glauben, Trinkwasser sei das Beste, was man seinen Fischen und Pflanzen anbieten könne, beschränkt man sich bei seiner Kontrolle häufig auf das Messen der Temperatur. Die Kenntnisse der restlichen Wasserwerte werden oft erst erworben, wenn die ersten Probleme auftauchen. Mit der Unterstützung zahlreicher im Handel erhältlichen Wassertests ist es jedoch relativ einfach, die aktuellen und wichtigen Wasserwerte zu erfahren.

Um einen langfristigen Erfolg in der Pflege von Fischen und Pflanzen im Aquarium zu erzielen, ist es von entscheidender Bedeutung, genaue Informationen über die Werte des verwendeten Trinkwassers zu erhalten. Exakte Angaben darüber können vom

19

zuständigen Wasserwerk bezogen werden. Leider muss man dabei häufig feststellen, dass ein für den Menschen »gutes« Trinkwasser nicht immer bedenkenlos für die Aquaristik eingesetzt werden kann. Häufig beinhaltet es für viele Fische und Pflanzen zu viele Härtebildner (etwa in Köln: Gesamthärte bis zu 21 °dGH, Karbonathärte etwa 9,6 °KH). Die örtlichen Analysen können und dürfen nicht pauschalisiert werden, da es durch die regional verschiedene Beschaffenheit des Bodengrundes zu großen Unterschieden in der Qualität des Wassers kommen kann.

Eine empfehlenswerte Methode der Wasserfilterung ist die über einen externen Topffilter.

Um mit dem vorhandenen Wasser ein fisch- und pflanzenfreundliches Milieu im Aquarium zu erreichen, ist es erforderlich, entweder den Fisch- und Pflanzenbestand den Wasserwerten anzupassen oder aber das Wasser auf einen günstigeren Wert aufzubereiten. Könnte man sich ein Wasser aussuchen, in dem die häufigsten Aquarienpflanzen optimale Wachstumsbedingungen vorfinden würden, dann hätte es die im Kasten auf der vorigen Seite angegebenen Werte.

Eine Vielzahl unserer Aquarienpflanzen stammt aus sehr weichem Wasser, zum Teil mit Karbonathärten unterhalb von 2 °KH. Eine Übertragung dieser natürlichen Werte auf das Aquarium könnte jedoch fatale Folgen für alle gepflegten Lebewesen haben. Weiches Wasser hat die Eigenschaft, nur geringe Mengen an Säuren aufnehmen (Pufferung) zu können. Durch diese geringe Säureaufnahme (Säurekapazität) kann es durch Zugabe von Säuren (Eichenextrakt) oder Kohlensäure (CO_2-Düngung) zu einer zu starken Ansäuerung des Aquariumwassers (Säuresturz) kommen. Um den pH-Wert im Aquarium in einem stabilen und sicheren Bereich zu halten, ist es ratsam, sich an den empfohlenen Wasserparametern zu orientieren. In zu weichem Wasser kann die Härte mit Härtebildnern angehoben, in zu weichem durch Mischung mit entmineralisiertem Wasser (Umkehrosmose) gesenkt werden.

Die Wasserfilterung

Ein wichtiger Teil einer gut funktionierende Aquarienanlage ist die mechanische und biologische Filterung des Aquarienwassers. Ob Innen- oder Außenfilter, sie alle arbeiten mehr oder weniger nach

Trübes Wasser passt nicht zu einem dekorativ bepflanzten Aquarium.

dem gleichen Prinzip. In den locker eingebrachten mechanischen Filtersubstraten werden alle groben und feinen Schwebstoffe gebunden, so dass ein optisch sauberes Wasser entsteht. Wer jetzt jedoch glaubt, sein Wasser sei auch chemisch rein, der muss sich eines Besseren belehren lassen. Durch die Ausscheidungen der Tiere, Futterreste und die Zersetzung organischen Materials entstehen gelöste Stoffe, die das Milieu des Aquariums zusehends belasten.

Die üblichen Filtermedien wie Schwämme oder Filterwatte können diese Stoffe mechanisch nicht erfassen und sind deshalb auf eine biologische Unterstützung durch Bakterien angewiesen. Diese nitrifizierenden Bakterien besiedeln die Filtersubstrate und zerlegen die anfallenden Abfallprodukte in relativ harmlose pflanzenverfügbare Mineralien. Das Endprodukt dieser Zersetzung ist das Nitrat, das von den assimilierenden Pflanzen aufgenommen und in Pflanzenmasse umgewandelt wird. Um diese biologische Filterung zu unterstützen, ist es vorteilhaft, einen möglichst großvolumigen Filter zu verwenden und ihn mit Substraten zu befüllen, die eine große Besiedlungsfläche für die Bakterien besitzen. Hierfür eignen sich besonders poröse Filtermedien wie Keramikringe, grobe und feine Schwämme sowie Filterwatte.

Für eine gute Durchströmung der Filtermedien ist die richtige Befüllung des Filterkörpers von großer Bedeutung. Die Filtermedien sollten in Fließrichtung von grob nach fein gestaffelt sein, um zuerst den groben Schmutz und später die feinen Schwebstoffe

Für die Reduzierung aller das Wasser belastenden Inhaltsstoffe und der gleichmäßigen Erhaltung der Wasserqualität hat sich in meinen Aquarien ein wöchentlicher Teilwasserwechsel von 15 bis 20 Prozent des Nettowasservolumens bewährt. Die prozentuale Menge des Teilwasserwechsels ist jedoch abhängig von der Art und Anzahl der gehaltenen Lebewesen. So kann ein starker Fischbesatz einen umfangreicheren Wasserwechsel notwendig machen.

festzuhalten. Zur Säuberung werden die Filtersubstrate je nach Verschmutzungsgrad in einem zeitlichen Abstand von etwa sechs bis acht Wochen gereinigt. Gesäubert werden nur die stark verschmutzten Substrate, jedoch nicht mehr als maximal 50 Prozent der Filtermasse. Um die Bakterienkulturen zu schonen, werden die Filtersubstrate vorsichtig in Wasser ausgewaschen, das etwa die gleiche Temperatur wie das Aquariumwasser hat.

Für meine Pflanzenaquarien verwende ich grundsätzlich Außenfilter in Form von Topffiltern. Einerseits vermeide ich damit, den optischen Eindruck des Aquariums durch einen Innenfilter zu stören, andererseits vergrößere ich mit einem Außenfilter das verfügbare Wasservolumen und trage zur Stabilisierung des Aquarienmilieus bei. Ein weiterer positiver Effekt ist die leichte Zugänglichkeit des Filters bei den anfallenden Reinigungsarbeiten. Das Risiko undichter Außenfilter ist bei den modernen Filtermodellen und bei richtiger Handhabung fast ausgeschlossen.

Der Filter ist wie ein lebenswichtiges Organ. Fällt er aus, gerät das Aquariummilieu schnell ins Wanken.

Regelmäßig nötig: der Wasserwechsel

Für die Erhaltung eines pflanzen- und fischfreundlichen Aquarienwassers ist ein regelmäßiger Wasserwechsel unumgänglich, da sich im Laufe der Zeit Schadstoffe darin sammeln und wichtige Inhaltsstoffe verlorengehen. Wie schon erwähnt, ist die Qualität des Ausgangswassers (meistens Leitungswasser) die Basis für ein geeignetes Aquarienwasser. Es enthält meistens Anteile aller Grund- und Hauptnährstoffe sowie Spurenelemente, die für ein Gedeihen der Aquarienpflanzen benötigt werden.

Bei der Entnahme aus der Leitung ist es zu empfehlen, nur kaltes Wasser zu verwenden, da durch den Einsatz von Warmwassergeräten das im Leitungswasser enthaltene Kohlendioxid entweicht. Die Zugabe des kalten Frischwassers sollte jedoch behutsam vorgenommen werden, um einen abrupten Temperatursturz zu vermeiden. Weiterhin sollte man vor der Entnahme aus dem

Wasserhahn den Wasserreduzierungskopf entfernen, der durch Beimengung von Luft für eine sparsame Wasserentnahme sorgt. Auch hierbei würde sonst unnötig CO_2 ausgetrieben.

Erwärmtes Frischwasser verliert das enthaltene Kohlendioxid.

Die Aufgaben des Bodengrundes

Die Basis für einen sich gut entwickelnden Pflanzenwuchs ist der Bodengrund. Er bietet den Pflanzen Halt und stellt viele der benötigten Pflanzennährstoffe zur Verfügung. Um im Aquarium ein optimales Pflanzenwachstum erzielen zu können, sollte man dem Bodengrund genügend Aufmerksamkeit schenken.

Beim Anlegen eines geeigneten Bodengrundes ist besonders der Beschaffenheit und dem Aufbau (Bodenprofil) Beachtung zu schenken. Dieses Bodenprofil sollte eine lockere Struktur aufweisen, so dass die Pflanzenwurzeln leicht eindringen, sich verankern und nach Nährstoffen suchen können. In lockeren Böden zirkuliert sauerstoffreiches Wasser, das die Wurzelbildung und somit den Pflanzenwuchs fördert. Verdichtet sich im Laufe der Zeit der Boden durch Einlagerungen (Mulm), dann kommt es allmählich zum Stillstand dieser Wasserbewegungen. Durch die nun entstehenden sauerstoffarmen Zonen werden die Wurzeln geschädigt, so dass sie absterben können.

Dank der im Handel erhältlichen Korngrößen lässt sich der Bodengrund problemlos den Bedürfnissen der jeweiligen Gewächse anpassen.

23

Farbiger Bodengrund, eine zweifelhafte Modeerscheinung

Seit einiger Zeit werden über den »Fachhandel« in allen Regenbogenfarben bunt eingefärbte Kiesmischungen für eine Verwendung im Aquarium angeboten. Diese Modeerscheinung lässt erhebliche Zweifel daran aufkommen, ob der Benutzer wirklich am Wohlbefinden seiner Tiere interessiert ist. Neben dem absolut unnatürlichen Aussehen beeinflusst dieser schillernde Bodengrund die Verhaltensweisen der Fische negativ. Besonders den Boden bewohnende Fischarten können erheblich gestört werden. Das äußere Erscheinungsbild dieser Fische ist häufig an ihre Umwelt angepasst. Diese Anpassung dient der Tarnung, die zum Beispiel einen Schutz vor Fressfeinden bietet. Möchte man Fische mit einem natürlichen Verhalten im Aquarium beobachten, dann ist ein sandfarbener bis dunkelbrauner Bodengrund die beste Wahl. Bei der Verwendung einer bunten Kiesmischung wird die beste Tarnung sofort aufgehoben, was zu einer schreckhaften und zurückgezogenen Lebensweise der Fische führen kann.

Die Körnung des Bodengrundes darf weder zu fein noch zu grob sein.

Zur Förderung eines pflanzenfreundlichen Bodengrundes hat sich in meinen Pflanzenaquarien ein Gemisch aus einem Drittel gewaschenen Flusssandes (Körnung 1 bis 2 mm) und zwei Dritteln braunbunten Kieses (Körnung 2 bis 3 mm) bewährt. Wird dieses Gemisch zu fein gewählt, zum Beispiel durch Beigaben von weißem Quarzsand, setzt sich der Bodengrund sehr schnell zu, und es kommt zu erheblichen Störungen im Pflanzenwuchs. Denselben Effekt erreicht man auch bei einer Verwendung von zu grobem Bodengrund. Ab einer Korngröße von 5 mm entstehen zu große Zwischenräume zwischen den einzelnen Kieseln, die durch den im Aquarium ständig anfallenden Mulm nach einiger Zeit zugesetzt werden.

Neben der Struktur ist auch die chemische Beschaffenheit des Bodengrundes von großer Bedeutung. Verwendet man ein kalkhaltiges Substrat, sind ein unerwünscht hoher pH-Wert und eine zu hohe Härte das Resultat. Grundsätzlich sollte man immer ein Substrat wählen, dessen Körner abgerundet sind, um ein Verletzen von Fischen, die im Bodengrund nach Nahrung suchen (Welse, Schmerlen), zu vermeiden. Für eine gute Wurzelbildung sind Schichthöhen von 5 bis 10 cm Höhe erforderlich. Um diese Schichtstärken dauerhaft erhalten zu können, ist eine Anlage von Pflanzenterrassen mit Hilfe von Wurzeln und Steinen sehr empfehlenswert.

Licht ist Leben

Ohne Licht kein Pflanzenwachstum. Fehlt oder verändert sich das Lichtspektrum, dann stellen sich die ersten Wachstumsstörungen bald ein.

Die Beleuchtung gehört zu den wichtigsten technischen Einrichtungen beim Betrieb eines Aquariums. Sie dient als Ersatz für das natürliche Sonnenlicht und sorgt für eine gute Ausleuchtung des Aquariums. Wird jedoch Wert auf eine dauerhafte Kultur von verschiedenen Aquarienpflanzen gelegt, dann ist es erforderlich, der Beschaffenheit des Lichtes mehr Aufmerksamkeit zu schenken. Pflanzennutzbares Licht ist die treibende Kraft der Photosynthese, ohne die kein Wachstum möglich wäre.

Die gebräuchlichsten Aquarienpflanzen kommen meist aus subtropischen und tropischen Zonen, in denen die Quantität und Qualität des pflanzenverfügbaren Sonnenlichtes durch Trocken- und Regenzeiten beeinflusst wird. Durch eine periodische Zu- und Abnahme der Blattdichte sowie wechselnde Wasserstände verändern sich in regelmäßigen Abständen die Lichtintensität und das Lichtspektrum, worauf sich die Pflanzen in ihrem Wachstum einstellen. Durch die den Gewässerrand flankierenden Bäume werden die kurzwelligen Blau- und UV-Anteile des Sonnenlichtes, die eine Algenbildung fördern, weitgehend zurückgehalten. Das langwellige gelbe und rote Licht kann aber bis zum Bodengrund vordringen und wird von den Pflanzen genutzt. Möchte man diese tropischen und subtropischen Pflanzen erfolgreich im Aquari-

Farbiger Kies ist nicht nur eine Geschmacksfrage.

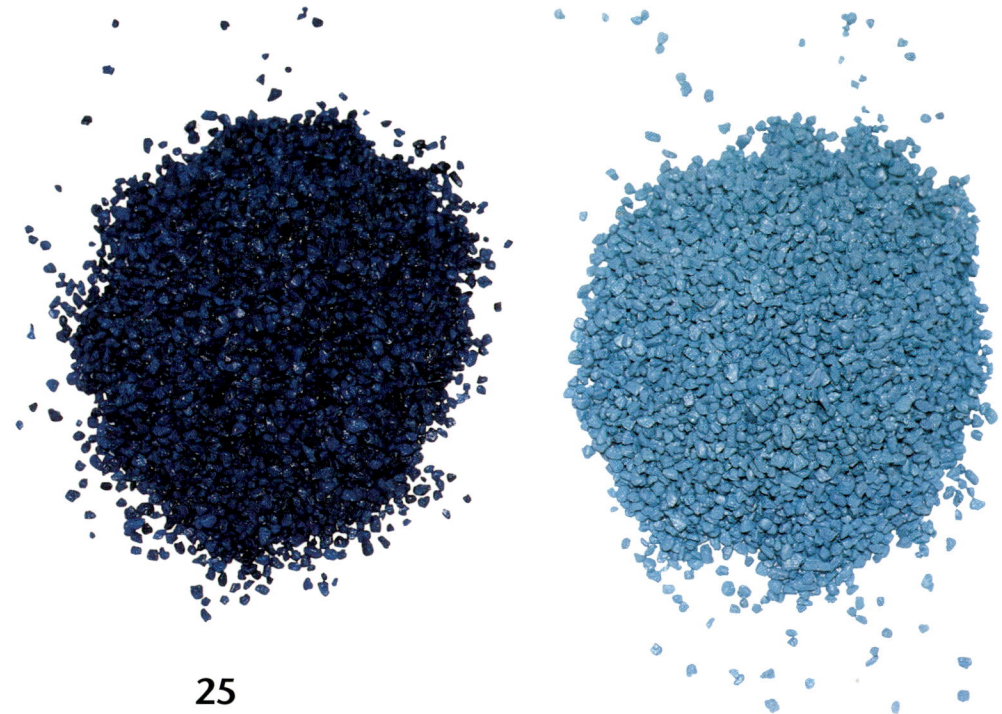

25

**Was leistet
eine Aquari-
enbeleuch-
tung?**

Eine Aquarienbeleuchtung besitzt je nach Bauart und verwendetem Leuchtmittel unterschiedliche Lichtstärken, die in Lumen (Lm) gemessen wird. Bei natürlichem Tageslicht misst man einen Wert von etwa 100000 bis 120000 Lumen, während künstliche Lichtquellen nur einen Bruchteil hiervon erzeugen können. Die Lichtausbeute von Leuchtstofflampen liegt bei 65 bis 95 Lm pro Watt Leistung, HQL-Strahlern 40 bis 65 Lm pro Watt und HQI-Strahlern 55 bis 85 Lm pro Watt. Die schon erwähnten »Trocal-Plant«-Leuchtstofflampen liefern beispielsweise bei einer Leistung von 30 Watt eine Gesamtlichtausbeute von 2400 Lm.

um kultivieren, so ist es erforderlich, sich an den natürlichen Begebenheiten zu orientieren und die künstliche Beleuchtung an diese Bedürfnisse anzugleichen.

Leuchtstoff-Lampen: die Standardbeleuchtung

Eine der häufigsten Beleuchtungsmethoden ist die Verwendung von Leuchtstofflampen. Diese künstliche Lichtquelle zeichnet sich durch ihre großflächige Ausleuchtung, eine hohe Wirtschaftlichkeit sowie durch ihre geringe Wärmeentwicklung aus. Leuchtstofflampen werden vom Fachhandel in verschiedenen Lichtfarben angeboten, die einem die Möglichkeit bieten, das Licht auf die Bedürfnisse der Pflanzen abzustimmen.

Sehr gute Ergebnisse in der Kultur verschiedener Aquarienpflanzen konnte ich mit den speziellen Leuchtstoffröhren aus der Serie »Trocal« von der Firma Dennerle erzielen. Die in dieser Serie erhältlichen Lampen ahmen in ihren Lichtspektren die jeweiligen Bedingungen an natürlichen Standorten nach. Besonders vorteilhaft ist eine Kombination von verschiedenen Röhrensorten, da dadurch das Wuchsverhalten der Pflanzen positiv beeinflusst und der Algenwuchs gehemmt werden kann. Erwähnenswert ist auch die laut Hersteller angegebene außergewöhnlich lange Lebensdauer von über 10000 Brennstunden, was bei einer täglich zwölfstündigen Beleuchtungsdauer einem Zeitraum von mehr als zwei Jahren entspricht. Nach dieser für eine Neonröhre ausgesprochen langen Beleuchtungszeit sollen diese »Trocal«-Leuchtstoffröhren immer noch über 90 Prozent ihrer ursprünglichen Leuchtkraft besitzen.

Für die Beleuchtung meiner drei Pflanzenaquarien verwende ich seit mehreren Jahren eine Kombination von verschiedenen

Bei der Verwendung mehrerer Leuchtstoffröhren mit verschiedenen Lichtfarben kann man speziell auf die Bedürfnisse der Pflanzen eingehen.

Eine besondere Art der Beleuchtung von Aquarienpflanzen ist die mit HQI- und HQL-Strahlern. Allein der freie Blick auf die Wasseroberfläche lohnt schon die Anschaffung dieses Lampentyps.

Die gebräuchlichste Form der Aquarienbeleuchtung besteht aus einem Lichtkasten mit Leuchtstoffröhren.

»Trocal«-Leuchtstoffröhren, die tatsächlich über einen Zeitraum von zwei Jahren für ein zufrieden stellendes Pflanzenwachstum sorgen.

Beleuchtung für offene Aquarien

Nach oben offene Aquarien haben einen außergewöhnlich natürlichen Reiz. Sie ermöglichen einen interessanten Einblick und geben den Pflanzen die Möglichkeit, sich auf der Wasseroberfläche zu entwickeln. Für die Ausleuchtung dieses Aquarientyps empfiehlt sich die Benutzung von HQL- oder HQI-Lampen. HQL-Quecksilberdampf-Hochdrucklampen eignen sich vor allen Dingen für Aquarien bis 60 cm Höhe und bieten mit ihrer punktuell hohen Strahlungsintensität die Möglichkeit, lichtbedürftige Pflanzen optimal zu versorgen. Im Nebenlicht dieser Strahler gedeihen hervorragend Pflanzen, die ein eher gedämpftes Licht bevorzugen. Im Vergleich zu den Leuchtstofflampen erweisen sich die HQL-Strahler als unwirtschaftlicher.

Für hohe Aquarien kommen besonders HQI-Halogen-Metalldampflampen in Betracht. Mit ihnen ist sogar bei einer Beckenhöhe von bis zu 100 cm eine hervorragende Ausleuchtung möglich. Nachteilig schlagen jedoch die sehr hohen Anschaffungskosten und die intensive Wärmeentwicklung zu Buche. Vorteilhaft

ist auch bei beiden Lampentypen das die Fische schonende langsame Starten der Strahler.

Wieviel Licht benötigen Aquarienpflanzen?

Die häufigsten Aquarienpflanzen gedeihen am natürlichen Standort in Halbschatten und Schatten der am Gewässerrand wachsenden Bäume. Um den Lichtbedarf der jeweiligen Pflanzen zu ermitteln, ist eine Messung der Beleuchtungsstärke erforderlich. Die Maßeinheit der Beleuchtungsstärke wird in Lux (Lx) mit einem Luxmeter gemessen. Ein Lux entspricht der Helligkeit, die auf einer Fläche von einem Quadratmeter durch die Lichtstärke von einem Lumen erzeugt wird. An nicht beschatteten Standorten konnte man mittels einer Messsonde in einer Wassertiefe von etwa 50 cm einen Wert von 20000 bis 30000 Lx ermitteln, während am beschatteten Standort ein Wert von nur 500 bis 1200 Lx gemessen wurde. Für eine erfolgreiche Kultur der verschiedensten Aquarienpflanzen ist eine Orientierung an diesen natürlichen Werten erforderlich. Empfehlenswert ist eine Beleuchtungsstärke von minimal 1000 Lux für Schatten liebende und entsprechend höher bis auf 4000 Lux für lichtbedürftigte Pflanzen.

Wie viele Stunden Licht werden täglich benötigt?

Am natürlichen Standort erhalten für Warmwasseraquarien geeignete Pflanzen je nach Standort und Jahreszeit meistens eine Sonnenbestrahlung von 11 bis 15 Stunden Dauer. Im Aquarium sollte man die Dauer der Beleuchtung jedoch vom gewünschten Sauerstoffgehalt des Wassers abhängig machen. Man sollte dabei eine 100-prozentige Sauerstoffsättigung anstreben. Ideal wäre bei einer Temperatur von 25 °C ein morgendlicher Mindestwert von 5 mg/l und ein abendlicher Wert von 8,6 mg/l (Horst 1992).

Der Sättigungswert des Sauerstoffs im Wasser ist entscheidend abhängig von der Wassertemperatur. Allgemein kann man sagen, dass ein kühleres Wasser mehr Sauerstoff aufnehmen kann als wärmeres. Zur Ermittlung des Sauerstoffgehaltes werden vom Fachhandel Indikatorlösungen angeboten. Bei zu geringen Sauerstoffwerten ist entweder die Beleuchtungszeit zu verlängern (maximal zwölf Stunden täglich) oder die Lichtstärke zu erhöhen. Eine Erhöhung der Lichtstärke kann durch Verwendung von Hochglanzreflektoren, die die Lichtdichte verstärken, oder durch Verwendung weiterer Lampen erfolgen. Um den kultivierten Aquarienpflanzen einen ausgewogenen Tag- und Nachtrhythmus zu bieten, ist eine Beleuchtungssteuerung über eine Zeitschaltuhr anzuraten.

Für die Pflege der verschiedensten Aquarienpflanzen ist es oftmals sehr hilfreich, sich an den Lichtverhältnissen des natürlichen Standortes zu orientieren.

Die Sauerstoffsättigung des Wassers kann man auch an den von den Pflanzen zur Wasseroberfläche steigenden Sauerstoffbläschen erkennen.

HQL-Lampen beleuchten dieses in einem Zoogeschäft aufgestellte Aquarium, dessen Rückwand eine täuschend echte Imitation einer Baumwurzel bedeckt.

Lichtmangel verändert das Pflanzenwachstum!

Licht ist die treibende Kraft der Photosynthese, ohne die kein Pflanzenwachstum möglich wäre. Erhält die Pflanze zu wenig oder ungeeignetes Licht, dann kommt es unweigerlich zu Störungen in ihrem Stoffwechsel, was zu einer Veränderung der Wuchsform oder sogar zu einem Wachstumsstillstand mit Abbau des Pflanzengewebes führen kann. Lichtmangel entsteht häufig durch eine nicht ausreichende Beleuchtungsanlage und durch eine üppig wuchernde Schwimmpflanzendecke, die die submers lebenden Aquarienpflanzen beschattet.

Ein typisches Erkennungsmerkmal für ein verändertes Pflanzenwachstum in Folge von geringem Licht ist meist ein im Vergleich zur normalen Wuchsform schwächliches und kümmerliches Erscheinungsbild. Grüne Rosettenpflanzen sind häufig blassgrün bis gelblich gefärbt und zeigen einen deutlichen Rückgang des Blattgrüns (Chlorophyll). An Stängelpflanzen ist ein Lichtmangel besonders deutlich an den gestreckten Internodien (Abschnitt des Sprosses zwischen den Knoten) und an der im unteren Teil des Sprosses spärlichen Beblätterung zu erkennen. Buntblättrige Pflanzen zeigen durch eine Vergrünung der Blätter und Sprosse frühzeitig einen Lichtmangel an.

29

Auch bei der Verwendung eines für Pflanzen ungeeigneten Lichtspektrums können Störungen im Ablauf der Photosynthese auftreten. Ähnlich wie bei einem Lichtmangel reagiert die Pflanze mit einer Veränderung der normalen Wuchsform.

Ein wichtiges Gas: Kohlendioxid

Kohlendioxid (CO_2) ist die Kohlenstoffquelle des pflanzlichen Stoffwechsels. Es entsteht durch die Atmung von Lebewesen, den Abbau organischen Materials und die Verbrennung kohlenstoffhaltiger Verbindungen. Landpflanzen entziehen dieses Gas der Atmosphäre, in der es zu 0,03 Prozent enthalten ist, während submers lebende Pflanzen im Wasser gelöstes Kohlendioxid nutzen. Zu einem Teil reagiert das gelöste Gas mit dem Wasser zu Kohlensäure (H_2CO_3). Die Salze, die bei der Reaktion der Kohlensäure mit Erdalkalimetallen (hauptsächlich Calcium) entstehen, bilden die Karbonathärte. Umgangssprachlich wird das Calciumcarbonat übrigens schlicht als Kalk bezeichnet. Da die Reaktionen zwischen den beteiligten Stoffen abhängig von der jeweiligen Konzentrationen sowohl in die eine als auch in die andere Richtung verlaufen können, bildet sich ein Gleichgewicht aus. Dieses Gleichgewicht beeinflusst wiederum den pH-Wert.

Die Menge des freien und pflanzenverfügbaren CO_2 ist daher abhängig von der Karbonathärte (chemisch korrekt der Säurebindungskapazität) des Wassers. Wird einem Wasser mit einer niedrigen Karbonathärte eine große Menge an Kohlendioxid zugeführt, so steigt der Gehalt an freiem, nicht mehr mit den Karbonaten reagierenden CO_2 an, und es kommt zur Ansäuerung (pH-Wert-Senkung). Wasser mit hoher Karbonathärte benötigt dagegen große Mengen an Kohlendioxid, bis ein Überschuss vorhanden ist. Ist die Zugabe zu gering, kommt es zur Ausfällung von Kalk, und der pH-Wert steigt an. Zur Erhaltung eines stabilen und pflanzenfreundlichen Milieus ist daher eine Karbonathärte von 4 bis 6 °KH im Aquarienwasser empfehlenswert.

Wichtigstes Kriterium für einen guten Pflanzenwuchs ist ein ausreichender Gehalt an freiem und pflanzenverfügbarem CO_2. Der Gehalt sowie die jeweiligen Ansprüche der Pflanzen sind dem Aquarianer oft unbekannt und werden erst dann ermittelt, wenn Probleme im Pflanzenwuchs auftauchen.

Ermittlung des freien Kohlendioxid-Gehaltes
Zur Feststellung der freien CO_2-Menge bietet der Fachhandel verschiedene Farbindikator-Lösungen an. Für eine permanente Kon-

Ein wichtiger Baustein der Photosynthese ist das Kohlendioxid.

Die Kohlensäurekonzentration beeinflusst die Wasserbeschaffenheit erheblich.

Durch die Installation einer Kohlendioxid-Anlage mit Druckminderer und Reguliergeräten erhalten alle gepflegten Pflanzen eine gleichmäßige Versorgung mit diesem für das Wachstum so wichtigen Gas.

Indikatorlösungen zur Feststellung der freien CO_2-Menge machen nur dann Sinn, wenn dem Wasser keine organischen Säuren zugeführt werden.

trolle der CO_2-Konzentration kann ein Dauertest im Aquarium befestigt werden. Auf wechselnde Kohlendioxid-Konzentrationen reagiert der untergetauchte Dauertest mit Farbveränderungen.

Stichprobenartige Kontrollen sind mit einer anderen Indikatorlösung möglich. Dieser Indikator wird tropfenweise einer abgemessenen Menge Aquariumwasser zugefügt und durch Schütteln oder Schwenken in Lösung gebracht. Anhand einer Farbskala lassen sich nun die CO_2-Werte problemlos ablesen.

Da jedoch eigentlich der pH-Wert gemessen wird, arbeitet der Test nur exakt, wenn sich keine den pH-Wert senkenden Stoffe im Wasser befinden. Huminsäuren, die durch eine Filterung über Torf freigesetzt werden, säuern das Wasser leicht an und würden das Testergebnis verfälschen. Der Gehalt erschiene höher als er tatsächlich ist. Mit zunehmender Erfahrung in der Pflege von Aquarienpflanzen kann man anhand des Pflanzenwachstums sowie der sichtbaren Sauerstoffabgabe über das Blatt die jeweiligen CO_2-Konzentrationen auch ohne Testlösung feststellen.

Kohlendioxid-Zugabe beim Wasserwechsel
Eine einfache Methode der Versorgung der Pflanzen mit Kohlendioxid ist der regelmäßige Wasserwechsel mit Leitungswasser. Zu diesem im Wasser vorhandenen CO_2 kommt in einem biologisch intakten Aquarium weiteres Kohlendioxid durch die erwünschte bakterielle Tätigkeit sowie die Atmung der gehaltenen Tiere.

Sprudelsteine und plätschernde Filter treiben das Kohlendioxid aus dem Wasser.

Entscheidet man sich zur Pflege von robusten, anspruchslosen und langsam wachsenden Aquarienpflanzen, ist eine zusätzliche Kohlendioxid-Zuführung nicht immer erforderlich. Ein CO_2-Gehalt von 3 bis 6 mg/l kann für diese Art von Bepflanzung schon völlig ausreichend sein. Um mit dieser geringen Konzentration einen Erfolg in der Pflanzenpflege zu erzielen, ist es notwendig, weiches bis mittelhartes Wasser zu verwenden und auf die Verwendung eines Sprudelsteines zu verzichten. In belüftetem und stark bewegtem Wasser wird der gegenüber dem Gleichgewicht mit der Atmosphäre erhöhte Kohlendioxid-Gehalt des Wassers wieder auf sein normales Maß reduziert.

Werden jedoch schnell wachsende und anspruchsvollere Pflanzen gepflegt, dann ist es erforderlich, den genauen CO_2-Gehalt zu ermitteln und ihn an die Bedürfnisse der gepflegten Pflanzen anzugleichen. Abhängig von der Beschaffenheit des Aquariumwassers und den jeweiligen Kulturansprüchen liegt die optimale Konzentration bei 5 bis 15 mg/l. Konzentrationen über 20 mg/l sind langfristig schädigend für den Fischbestand.

»CO_2-Düngung« nach dem Gärungsprinzip

Scheut man die Anschaffungskosten einer technisch ausgefeilten CO_2-Anlage, dann liegt man mit der Kohlendioxid-Produktion durch Gärung genau richtig. Diese Methode basiert auf der Aktivität von Hefepilzen, die durch ihre anaerobe Atmung (Gärung) Kohlendioxid freisetzen.

Billig und trotzdem gut: Kohlendioxid als »Abfallprodukt«.

Als Gärungsbehälter eignet sich ein dicht zu verschließender Kunststoffkanister mit einem Deckel, in dem sich eine kleine Bohrung befindet. Durch dieses Loch führt man einen handelsüblichen Luftschlauch, der am Ende mit einem Lindenholzausströmer versehen ist. Dieser Ausströmer sorgt aufgrund seiner Struktur für die Erzeugung kleinster CO_2-Bläschen im Aquarium. Dank der Feinheit der Blasen löst sich das Kohlendioxid besser als bei gröberen Blasen, die schnell zur Wasseroberfläche emporsteigen und nicht mehr zur Verfügung stehen. Bei dieser Verfahrensweise ist es von besonderer Wichtigkeit, dass der Gärungsbehälter sich luftdicht verschließen lässt, um ein Entweichen des unter Druck stehenden Kohlendioxids zu vermeiden.

Für die CO_2-»Düngung« meines 240 Liter fassenden Pflanzenaquariums verwende ich einen Fünf-Liter-Kunststoffkanister, in dem ich 600 g Zucker in drei Liter Wasser löse. Die Hefepilze als Hauptakteure werden in Form einer pulvrigen Trockenbackhefe (4,5 ml) zugefügt. Eine komplette Befüllung des Kanisters ist unvorteilhaft, da durch den Druck der Gärungsreaktion der

Das Papageienblatt benötigt zum Gedeihen eine gute Kohlendioxid-Versorgung.

Die kontinuierliche Kohlendioxid-Zugabe macht es erforderlich, bei warmen Umgebungstemperaturen die CO_2-Konzentration im Wasser im Auge zu behalten.

Gäransatz durch den Schlauch in das Aquarium gelangen und zu einer Trübung des Wassers führen kann.

Die Hefepilze verarbeiten den gelösten Zucker zu Alkohol und setzen bei diesem Vorgang Kohlendioxid frei. Erkennbar ist diese Gärungsreaktion am Aufblähen des unter Druck stehenden Kanisters. Diese Reaktion ist jedoch von der Umgebungstemperatur des Gärungsbehälters abhängig. Ist die Temperatur zu niedrig, entwickelt sich nur eine abgeschwächte Reaktion, die über einen längeren Zeitraum nur geringe Mengen an CO_2 an das Aquarium abgibt. Bei erhöhten Temperaturen kommt es zu einer kurzen und heftigen Gasentwicklung, wodurch der zulässige CO_2-Höchstwert von 20 mg/l überschritten werden kann.

Mit der erwähnten 5-Liter-Gärungsanlage erreiche ich bei einer Umgebungstemperatur von etwa 22 °C eine Laufzeit von drei bis vier Wochen und einen durchschnittlichen CO_2-Gehalt von etwa 10 mg/l (4 °KH, pH 6,5). Jedoch hat diese preisgünstige Methode auch ihre Schwachstellen. Durch die nicht regulierbare Produktion von Kohlendioxid ist es empfehlenswert, den pH-Wert regelmäßig zu überprüfen und bei Bedarf mit einer Veränderung der Karbonathärte einzugreifen. Eine weitere Problematik ist die nächtliche Atmung (Dissimilation) der Pflanzen, bei der sie Sauer-

Die Aquarienpflanzen können das Kohlendioxid erst dann nutzen, wenn es vorher mit Hilfe von Diffusionsgeräten im Wasser aufgelöst wurde.

stoff aufnehmen und Kohlendioxid abgeben. Hierbei könnten für den Tierbestand bedenklich hohe Kohlendioxidkozentrationen auftreten, die allerdings mit einer per Schaltuhr betriebenen Membranpumpe vermieden werden können.

Wer sich die Mühe des Selbstbaus nicht machen möchte, kann mittlerweile auch CO_2-Gärungsanlagen als fertige Geräte über den Fachhandel beziehen.

Kohlendioxid aus der »Spraydose«

Für kleinere Aquarien eignet sich die von der Handhabung einfache »Spraydosen-Methode« sehr gut.

Wer seinen Pflanzen Kohlenstoff anbieten möchte, ohne mit Zuckerwasser und Hefe zu hantieren, kann zu dieser einfachen Methode greifen. Das Kohlendioxid ist in einem einer Spraydose ähnlichen Druckbehälter enthalten, der seinen Inhalt per Knopfdruck durch einen Kunststoffschlauch in das Aquarium befördert. Am Ende des Schlauches befindet sich ein transparentes Diffusionsrohr, das etwa 5 bis 10 cm unterhalb der Wasseroberfläche mit Saugnäpfen befestigt wird. Dieses Rohr ist mit einer CO_2-durchlässigen Membran (Gaze) versehen, die nach oben zeigen muss. Durch diese Membran diffundiert das Kohlendioxid in das Wasser und wird somit pflanzenverfügbar. Aufgrund der geringen Füllmenge des Rohres (etwa 0,3 g CO_2) ist diese Art der Zugabe in der Regel nur für kleine Aquarien bis 100 Liter Inhalt geeignet.

Im Vergleich zur Gärungsmethode bietet dieses einfache System die Möglichkeit, die Menge an Kohlendioxid selber dosieren zu können und auf die Beleuchtungszeit zu beschränken. Aufgrund chemischer Prozesse bleiben im Diffussionsrohr ständig andere Gase zurück, hauptsächlich Sauerstoff und Stickstoff. Diese nicht verwertbaren Gase müssen regelmäßig durch Umdrehen des Rohres entfernt werden. Abhängig von den Ansprüchen der Bepflanzung und der Beschaffenheit des Wassers ist eine ein- bis zweimalige Befüllung des Rohres am Tage empfehlenswert.

Wird das Diffusionsrohr nicht regelmäßig von Falschgasen befreit, dann ist eine Befüllung mit Kohlendioxid bald nicht mehr möglich.

Kohlendioxid-Bausteinsystem
In großen Pflanzenaquarien kann es notwendig sein, die Zugabe von Kohlendioxid technisch aufwändiger zu betreiben. Über den Fachhandel ist es möglich, sich eine CO_2-Anlage für die gegebenen Verhältnisse zusammenstellen zu lassen. Aufgrund eines größeren Beckenvolumens und eventuell höherer Ansprüchen der gepflegten Aquarienpflanzen ist es ratsam, eine größere CO_2-Vorratsflasche aus Stahl (siehe Seite 31) zu verwenden. Diese nachfüllbaren Vorratsflaschen sind in verschiedenen Größen erhältlich und können durch ihr Fassungsvermögen relativ lang im Einsatz bleiben. Mit einem an der Stahlflasche befestigten Druckminderer, der ein Nadelventil enthält, lässt sich eine exakte Blasenzahl pro Minute einstellen.

Bei größeren CO_2-Anlagen ist es sinnvoll, eine Nachtabschaltung zu verwenden. Diese begrenzt die CO_2-Zugabe sinnvoll auf die Beleuchtungszeit.

Zur Auflösung der CO_2-Blasen im Wasser können abhängig vom Beckenvolumen verschiedene Diffussionsgeräte verwendet werden. Vom Prinzip her funktionieren sie jedoch alle gleich. Die Blasen werden möglichst lange durch das Wasser geleitet, so dass man eine längere Kontaktzeit un eine effektivere Auflösung erreicht. Die vorhandenen »Falschgase« werden hier für gewöhnlich automatisch abgeführt. Besonders hilfreich ist der Einbau einer automatischen Nachtabschaltung, die eine unnötige CO_2-Zugabe verhindert. Zur zeitgleichen Inbetriebnahme der Beleuchtung und der CO_2-Zufuhr ist die Steuerung über eine Zeitschaltuhr sinnvoll. Soll neben der Kohlenstoffdüngung auch der pH-Wert gezielt beeinflusst werden, dann ist eine Zwischenschaltung eines pH-Kontroll- oder Reguliergerätes möglich. Durch die digitale Einstellung des erwünschten pH-Wertes wird die Zugabe des Kohlendioxids vom tatsächlichen Verbrauch im Aquarium gesteuert.

35

Aquarienpflanzen brauchen Wärme

Bei den üblichen Aquarienpflanzen handelt es sich meist um Gewächse aus den subtropischen und tropischen Zonen der Erde. Ein Großteil dieser Pflanzen bevorzugt eine Wassertemperatur von 22 bis 28 °C. Für die Erwärmung des Aquariumwassers bietet der Fachhandel verschiedene technische Möglichkeiten an.

Eine einfache und häufig angewandte Methode ist der Gebrauch eines **Stabheizers**. Moderne Stabheizer verfügen über eine Einstellmöglichkeit und Ableseskala der erwünschten Temperatur, eine Kontrollampe, die den Betrieb der Heizung anzeigt, sowie eine Abschaltautomatik bei eventuellem Trockenlaufen. Ein Nachteil des Stabheizers liegt in der Bildung von unterschiedlichen Wärmezonen im Aquarium. Die wärmste Zone befindet sich in unmittelbarer Nähe des Heizers, während alle anderen Bereiche zunehmend kühler werden. Eine Milderung dieses Effektes kann durch eine gleichmäßige Wasserumwälzung im Aquarium erreicht werden. Bei Aquarien ab 200 Liter Inhalt ist es sinnvoller, zwei kleinere als einen großen Stabheizer zu verwenden. Diese Stabheizer können im Aquarium gleichmäßig verteilt werden und gewährleisten eine bessere Wärmeverteilung sowie eine zusätzliche Sicherheit beim Ausfall eines Heizstabes.

Beim **in den Filter integrierten Heizer** werden Filterung, Beheizung und Umwälzung des Aquariumwassers durch ein Gerät bewerkstelligt. Diese Kombination kann als Innen- oder Außenfilter erworben werden und bietet eine ideale Möglichkeit zur gleichmäßigen Erwärmung des gesamten Aquariumwassers.

Befindet sich das Aquarium in einem ungeheizten und kühlen Raum oder auf einer nicht isolierten, kalten mineralischen Unterlage (Beton oder Naturstein), dann kühlt der Bodengrund trotz gleichmäßiger Warmwasserzirkulation gegenüber dem Wasserkörper ab. Bodengrundtemperaturen unterhalb von 21 °C können den Pflanzenwuchs hemmen und sogar zum Stillstand bringen. Für die Erwärmung des Bodengrundes können **Heizkabel** mittels Saugnäpfen auf der Bodenscheibe befestigt werden. Durch die Erwärmung des im Bodengrund befindlichen Wassers entsteht eine permanente Wasserzirkulation im Boden. Warmes Wasser steigt nach oben und kaltes strömt nach. Diese Zirkulation fördert die gleichmäßige Verteilung von

Praktisch: Topffilter und Heizung in einem.

36

Die Herzblättrige Schwertpflanze benötigt für einen schönen Wuchs ausreichende Düngung.

Pflanzennährstoffen sowie eine Verminderung von Mulmablagerungen im Bodengrund. Mittlerweile werden sogar Aquarien mit in die Bodenscheibe integriertem Heizkabel angeboten.

Pflanzen brauchen Nahrung

Der Bodengrunddünger

Wie im Kapitel »Die Aufgaben des Bodengrundes« (Seite 23) erwähnt, beinhaltet ein guter Bodengrund eine Vielzahl von Pflanzennährstoffen, die von den häufigsten Aquarienpflanzen über die Wurzeln aufgenommen werden können. Vor allem amphibisch wachsende Sumpfpflanzen sind am natürlichen Standort in der Niedrigwasserperiode auf eine Nährstoffversorgung über die Wurzeln angewiesen. Sie sind zwar auch in der Lage, bei einer submersen Haltung im Wasser gelöste Nährstoffe über das Blatt aufzunehmen, jedoch können in bestimmten Wachstumsphasen schon einmal Mangelerscheinungen auftreten.

Sehr deutlich konnte ich so eine Mangelerscheinung bei einer Herzblättrigen Schwertpflanze (*Echinodorus cordifolius*) beobach-

37

Empfehlens-werte Flüs-sigdünger	• PK-Wasserpflanzenflüssigdünger • Dennerle V30 • JBL Ferropol • Tetra Plant PlantaMin • Sera florena
Empfehlens-werte Boden-grunddünger	• PK-Wasserpflanzenerde: Ein ungedüngtes Substrat auf Basis natürlicher Nährstoffe. • Dennerle Deponit-Mix: Langzeit Mineral Bodengrund • JBL Aqua Basis plus: Nährboden für Aquarienpflanzen • JBL Florapol: Volldünger mit Depotwirkung • Tetra Plant Initial Sticks: Sticks mit Langzeit-Nährstoffbasis • Sera floredepot: Langzeit-Bodengrund
Empfehlens-werte Dünger für die Nach-dosierung	• Dennerle Deponit, Düngekugeln • JBL »Die 7 Kugeln«, Düngekugeln • Tetra ZMF Dynoplant, Düngetabletten • Sera florenette A, Düngetabletten

ten. Diese bildete bei reiner Flüssigdüngung in regelmäßigen Abständen wohlgeformte, gut ausgefärbte, herzförmige Blätter. Während ihres üppigen Wachstums kam es zu einer gleichzeitigen Bildung von zwei Blütentrieben, an denen sich nach einiger Zeit auch Adventivpflanzen bildeten. In Folge der Blütenbildung traten bei den vorhandenen Blättern Mangelerscheinungen auf, die sich durch eine gelblich bis bräunliche Verfärbung bemerkbar machten.

Für eine lückenlose Nährstoffversorgung empfiehlt sich eine Kombination aus einem nahrhaften Bodengrund und der Düngung über das Blattgewebe.

Eine Nachdosierung mit dem verwendeten Flüssigdünger führte zu keiner Verbesserung, sondern zu einem vermehrten Auftreten pelzartiger Grünalgen. Eine Verbesserung der Nährstoffversorgung erreichte ich erst durch Zugabe eines Bodengrunddüngers, welchen ich gezielt im Wurzelbereich plazierte. An diesem Beispiel kann man sehr gut erkennen, daß eine ausschließliche Düngung über das Blatt für einen dauerhaften und optimalen Wuchs häufig nicht ausreicht.

Empfehlenswert ist die Kombination einer Flüssigdüngung über das Blatt, bei gleichzeitiger Verwendung eines speziellen Nährstoffsubstrates, welches als unterste Schicht im Bodengrund eingebaut wird.

Nach einer Laufzeit von etwa drei bis vier Jahren verarmen diese Bodengrunddünger allmählich an pflanzenverfügbaren Nähr-

Für die nachträgliche Nährstoffversorgung der Pflanzen eignet sich hervorragend der Zusatz von Ton.

Können wahre Wunder bewirken: Selbst hergestellte Düngekugeln aus Ton und einer Aquarienpflanzenerde.

stoffen, so dass nachdosiert werden muss. Das kann zum Beispiel durch die Verwendung eines gepressten Bodengrunddüngers in Tabletten- oder Stickform erfolgen.

Eine weitere nach meinen Erfahrungen sehr erfolgreiche Methode der Nachdosierung ist die Beimengung der Wasserpflanzenerde beziehungsweise des Düngers zu feuchtem Ton. Hierbei entsteht eine formbare Masse, aus der dann Kugeln verschiedenster Größe geformt werden können. Nach Abtrocknung dieser Düngerkugeln kann man sie problemlos mit den Fingern im Wurzelbereich der Pflanzen plazieren. Im feuchten Zustand quellen die Kugeln erneut auf und geben ihre Inhaltsstoffe an die Bepflanzung ab. Die Tonanteile in diesen Düngekugeln dienen des weiteren auch als Nährstoffpuffer, denn aufgrund ihrer negativen Ladung haben sie ein hohes Anlagerungsvermögen für Nährstoffe, die dann kontinuierlich an die Pflanzen abgeben werden können.

Besonders geeignet für eine Bodengrunddüngung ist die schon legendäre PK-Wasserpflanzenerde, deren Herstellungmittlerweile auf 50-jähriger Erfahrung beruht und die Generationen von Pflanzenaquarianern zufrieden gestellt hat. Dieses keinen Dünger enthaltende Substrat basiert auf dem natürlichen Nährstoffgehalt von Lehm, Ton, Sand und einem mehrjährigen Kompost. Einer anfänglichen Verwunderung über einen Zusatz von Komposterde folgte wegen des beeindruckenden Pflanzenwachstums ein überzeugtes Staunen. Man liest ja in der einschlägigen Fachliteratur, dass in den

Der Indische Wasserstern benötigt sowohl Bodengrund- als auch Flüssigdüngung.

Bodengrund keine organischen, sondern ausschließlich mineralische Stoffe einzubringen sind. Es ist sicher richtig, dass bei einer Verwendung von noch nicht komplett zersetzter organischer Masse das große Risiko besteht, Fäulnisprozesse im Aquarium auszulösen und neben dem dadurch schnell auftretenden Algenwuchs noch zusätzlich einen verdorbenen Bodengrund zu risieren. Bei dieser Erde handelt es sich jedoch um einen mindestens sechs Jahre alten, zweimal jährlich umgesetzten Kompost, der in keiner Weise die Lebensbedingungen im Aquarium nachteilig verändert.

Die Lehm- und Tonanteile in diesem Substrat dienen als Nährstoffpuffer, die ein hohes Anlagerungsvermögen für Nährstoffe besitzen und diese wiederum kontinuierlich an die Pflanzen abgeben. Zugaben von Sand erhalten das Substrat zusätzlich krümelig und somit auch sauerstoffdurchlässig, wodurch das Wurzelwachstum angeregt und gefördert wird. Nach einer vierjährigen Laufzeit verarmt dieser Bodengrunddünger allmählich an pflanzenverfügbaren Nährstoffen, und es muss mit den oben erwähnten Düngerkugeln nachdosiert werden.

Der Flüssigdünger

Aufgrund der leichten und schnellen Handhabung zählt die Flüssigdüngung über das Blattgewebe zu den beliebtesten Verfahren. Hauptbestandteil der meisten Flüssigdünger ist das Eisen, das von den Aquarienpflanzen für die Bildung von Chlorophyll (Blattgrün) benötigt wird. Steht der Pflanze nur eine geringe Menge an Eisen zur Verfügung, dann veringert sich auch der Chlorophyllgehalt des Pflanzengewebes. Da der Chlorophyllmangel die Photosynthese beeinträchtigt, ist ein stagnierendes Wachstum die Folge.

Diese Mangelerscheinung macht sich am Anfang durch gelbe Verfärbungen (Chlorosen) im Blattgewebe bemerkbar. Bei Nichtbeachtung der Symptome sterben diese Gewebeteile ab. Für eine lückenlose Nährstoffversorgung aller Aquarienpflanzen bieten verschiedene Firmen geeignete Flüssigdünger an. Diese Flüssigdünger beinhalten neben dem Eisen weiter Hauptnährelemente sowie Spurenelemente, die den Pflanzen alle nötigen Nährstoffe zukommen lässt.

Gratwanderung zwischen Pflanzen- und Algenwachstum

Zur Ermittlung der nötigen Nährstoffmenge empfiehlt es sich, die in der Gebrauchsanweisung eines Düngers angegebenen Dosierungsvorschläge je nach Art und Menge des gepflegten Pflanzenbestandes zu verändern. Ein Bestand mit hauptsächlich schnell wachsenden Pflanzen benötigt mehr Nährstoffe als einer mit langsam wachsenden Pflanzen. Werden den gepflegten Pflanzen mehr Nährstoffe als nötig zur Verfügung gestellt, entsteht schnell ein Überangebot, von dem sehr schnell die unerwünschten Algen profitieren.

Empfehlenswert ist es, mit der Hälfte der angegebenen Menge zu beginnen und diese dann allmählich den tatsächlichen Bedürfnissen anzupassen. Außerdem kann die Art der Anwendung des Pflanzendüngers den Pflanzenwuchs fördern und die Algen hemmen. Nach meinen Erfahrungen ist eine tägliche Teildüngung (ein Siebtel der Wochendosis) einer wöchentlichen Verabreichung immer vorzuziehen. Fügt man dem Aquariumwasser die komplette Wochendosis auf einmal zu, kommt es schnell zu einem Überangebot von Nährstoffen, während eine tägliche Teilgabe den verbrauchten Nährstoffhaushalt regelmäßig ausgleicht.

Flüssigdünger: Einfach in der Handhabung, wichtig für die Pflanzen.

Bei der Dosierung des Flüssigdüngers sollte man anfangs dem Sprichwort folgen: »Weniger wäre mehr gewesen.«

Aquarien bepflanzen

Eine geplante Aufteilung der Aquariengrundfläche in verschiedene Pflanzbereiche ist der halbe Erfolg zum dekorativen Aquarium.

Schöne Pflanzenaquarien zeichnen sich durch eine räumliche Gliederung aus, in der die Grundfläche des Aquariums in die Pflanzbereiche Hinter-, Mittel- und Vordergrund aufgeteilt wird. Durch diese Aufteilung erhalten die verwendeten Pflanzen einen Standort, der ihren jeweiligen Ansprüchen entspricht und an dem sie ausreichenden Raum zu ihrer Entfaltung finden. Abhängig vom Verwendungszweck werden in diesem Kapitel Bepflanzungsvorschläge für verschiedene Aquarientypen sowie die dazu passenden Pflanzen in Form von Steckbriefen vorgestellt.

Die verschiedenen Pflanzbereiche im Aquarium können und dürfen sich überschneiden, wodurch die Tiefenwirkung des Beckens positiv beeinflusst werden kann. Bei der Auswahl der Aquarienpflanzen sowie ihrer Verwendung sollte man jedoch bemüht sein, Kontraste zu bilden und Pflanzen von ähnlichem Aussehen und vergleichbarer Farbe nicht unmittelbar nebeneinander zu pflegen. Alles andere ist Geschmackssache, und darüber lässt sich bekanntlich besonders gut streiten.

Der Hintergrund

Für die Hintergrundbepflanzung eignen sich besonders die schnell wachsenden Stängelpflanzen oder die bandartige Blätter besitzenden Rosettenpflanzen (*Vallisneria*), die innerhalb kürzester Zeit regelrechte Pflanzenvorhänge entstehen lassen können. Mit einem derartigen natürlichen Hintergrund ist es durchaus möglich, auf eine besondere Rückwand hinter dem oder im Aquarium zu verzichten.

Lücken in der Hintergrundbepflanzung steigern die Tiefenwirkung des Aquariums.

Man sollte es jedoch vermeiden, den Hintergrund komplett zuwachsen zu lassen, da hierdurch die Tiefenwirkung des Aquariums beeinträchtigt werden könnte. Kleine Lücken im Hintergrund vermitteln dem Betrachter das Gefühl, hindurchschauen zu können, wodurch sich der Gesamteindruck der Einrichtung erheblich steigern lässt. Beliebte und häufig verwendete Pflanzen für den Hintergrund des Aquariums sind beispielsweise die Vallisnerien (*Vallisneria*), die Haarnixen (*Cabomba*) und die Ludwigien (*Ludwigia*).

Eine geschickte Pflanzenauswahl und deren richtige Verwendung verbessern den Gesamteindruck eines Aquariums wesentlich.

Der Mittelgrund

Die Gestaltung des Mittelgrundes ist abhängig von der Tiefe eines Aquariums. Ist genügend Fläche vorhanden, können einzelne Solitärpflanzen wie Schwertpflanzen (*Echinodorus*) und Wasserähren (*Aponogeton*) oder kleinere kontrastreiche Pflanzgruppen schöne Akzente setzen. Der Mittelgrund ist wie ein Verbindungsglied von hinten nach vorne zu verstehen, wobei alle Pflanzbereiche ineinander übergehen. Stängelpflanzen des Hintergrundes lassen sich deshalb auch im Mittelgrund kultivieren. Jedoch benötigen diese Gewächse aufgrund ihres schnellen Wachstums einen erhöhten Pflegeaufwand, da sie regelmäßig entnommen, gekürzt und neu gesteckt werden müssen.

Der Vordergrund

Der Vordergrund ist die Heimat klein bleibender Aquarienpflanzen. Diese bedecken oft den Bodengrund und verwehren kaum den Einblick in das Aquarium. Sprosspflanzen aus dem Mittelgrund können selbstverständlich auch im Vordergrund platziert werden, wenn man sie von der Länge her vom Vorder- zum Mittelgrund ansteigen lässt. Zu den typischen Vordergrundpflanzen zählen die grasartig wachsende Zwerg-Schwertpflanze (*Echinodorus tenellus*) oder niedrig wachsende Wasserkelche (*Cryptocoryne x willisii*).

Aquaristische »Aufsitzerpflanzen«

Neben den Pflanzen werden oft auch Holzwurzeln und Steine als Dekorationselemente im Aquarium verwendet. Sie wirken allerdings in frischem Zustand ziemlich steril, was sich aber durch den Bewuchs mit diversen Pflanzen ändern lässt. Für diesen Zweck eignen sich besonders der Javafarn (*Microsorum pteropus*), das Speerblatt (*Anubias*) sowie das Javamoos (*Vesicularia dubyana*). Um diesen »Aufsitzerpflanzen« das Anwurzeln auf dem Substrat zu erleichtern, ist eine anfängliche Befestigung mit einem unauffälligen Garn oder einer dünnen transparenten Nylonschnur notwendig.

Die Schwimmpflanzendecke

Neben der Bepflanzung des Bodengrundes und dem Einsatz verschiedener Dekorationsmaterialien besteht natürlich auch die Möglichkeit der Wasseroberflächenbegrünung durch Schwimmpflanzen. Besonders in nach oben offenen Aquarien bietet diese Art der Bepflanzung dem Betrachter einen besonderen optischen Reiz und ermöglicht auch den unmittelbaren Kontakt zur Pflanze.

Aber auch in geschlossenen Aquarien kommen Schwimmpflanzen zur Geltung. Sie fangen einen Teil des Lichtes der Beleuchtung ab, wodurch im Aquarium ansprechende Licht- und Schat-

Eine begrünte Wasseroberfläche verleiht dem Aquarium ein natürliches Aussehen.

In regelmäßigen Abständen sollte man die Schwimmpflanzendecke ausdünnen, um auch den untergetauchten Pflanzen etwas Licht zu gönnen.

44

Das Javafarn ist eine ideale Pflanze zum Begrünen von Dekorationselementen.

tenzonen entstehen. Diese verbessern erheblich den Gesamteindruck und die Tiefenwirkung im Aquarium. Aufgrund ihres meist starken Wachstums entziehen die Schwimmpflanzen dem Aquariumwasser überzählige Stickstoffverbindungen und stellen somit eine weitere Konkurrenz der Algen dar.

Es ist jedoch auch Vorsicht geboten, denn durch ihr gutes Wachstum verschließen die Schwimmpflanzen sehr schnell die Wasseroberfläche und reduzieren dabei die Lichtmenge, die den submers wachsenden Aquarienpflanzen zur Verfügung steht. Bei einer zu dichten Schwimmpflanzendecke besteht auch für den Fischbestand die Gefahr des »Strandens«. Schreckhafte Fische können mitten auf einer Schwimmpflanze landen und verenden dort meist schnell durch die Wärme der Aquarienbeleuchtung. Ein regelmäßiges Auslichten der Schwimmpflanzendecke mindert diese Risiken jedoch.

Schwimmpflanzen geben den Schaumnestern der Labyrinthfische zusätzlichen Halt.

Feingliedrige Schwimmpflanzen dienen auch als Ablaichsubstrat für viele Fischarten oder als stützender Halt für die auf der Wasseroberfläche schwimmenden Schaumnester von Labyrinthfischen. Besonders empfehlenswert sind das Lebermoos (*Riccia fluitans*) und der Südamerikanische Froschbiss (*Limnobium laevigatum*, Bild links) bei geschlossenen sowie die Muschelblume (*Pistia stratiotes*) und die Wasserhyanzinthe (*Eichhornia azurea*) bei offenen Aquarien.

Alternanthera reineckii 'Lilablättrig'
Papageienblatt
Wasser: weich bis mittelhart, 7 bis 14 °dGH,
4 bis 9 °KH
Licht: mittlere bis intensive Beleuchtungsstärke
Nährstoffe: Bodengrund- und Flüssigdüngung
CO_2: benötigt höhere Konzentrationen,
10 bis 15 mg/l
Temperatur: 18 bis 26 °C
Wuchs: buntlaubige Sprosspflanze,
bis 50 cm

Aponogeton crispus
Krause Wasserähre
Wasser: anspruchslos, 7 bis 21 °dGH,
4 bis 13 °KH
Licht: Mittlere Beleuchtungsstärke
Nährstoffe: Bodengrund- und Flüssig-
dünger
CO_2: benötigt eine mittlere Konzentration,
10 mg/l
Temperatur: 20 bis 28 °C
Wuchs: Knollenpflanze mit bandartigen
Blättern, bis 60 cm

Bacopa caroliniana
Großes Fettblatt
Wasser: weich bis mittelhart,
7 bis 14 °dGH, 4 bis 9 °KH
Licht: intensiv
Nährstoffe: Bodengrund- und Flüssig-
dünger
CO_2: Zugabe nicht erforderlich, geringste
Mengen reichen aus
Temperatur: 18 bis 26 °C
Wuchs: dickstängelige Sprosspflanze,
bis 40 cm

Cabomba caroliniana
Grüne Wasserhaarnixe
Wasser: bevorzugt weiches Wasser,
7 bis 10 °dGH, 4 bis 6 °KH
Licht: intensiv
Nährstoffe: Bodengrund- und Flüssig-
düngung
CO_2: benötigt höhere Konzentrationen,
10 bis 15 mg/l
Temperatur: 22 bis 28 °C
Wuchs: feinblättrige Stängelpflanze, wächst
auf der Wasseroberfläche flutend weiter

Aquarientyp H

Ceratopteris thalictroides
Feinblättriger Sumatrafarn
Wasser: weich bis hart, 7 bis 21 °dGH,
4 bis 13 °KH
Licht: mittlere Beleuchtungsstärke
Nährstoffe: Flüssigdüngung ist ausreichend
CO_2: benötigt keine direkte Zugabe
Temperatur: 22 bis 28 °C
Wuchs: Farnpflanze, geeignet für den
Boden sowie als Schwimmpflanze

Aquarientyp R

Crinum natans
Flutende Hakenlilie
Wasser: weich bis mittelhart,
7 bis 14 °dGH, 4 bis 9 °KH
Licht: mittlere Beleuchtungsstärke
Nährstoffe: Bodengrund- und Flüssig-
düngung
CO_2: mittlere Konzentration fördert das
Wachstum, 10 mg/l
Temperatur: 24 bis 30 °C
Wuchs: bandartige Zwiebelpflanze,
bis 140 cm Länge

Aquarientyp B

Aquarientyp H

Cryptocoryne beckettii
Becketts Wasserkelch
Wasser: mittelhart, 10 bis 14 °dGH, 7 bis 9 °KH
Licht: Mittlere Beleuchtungsstärke
Nährstoffe: Bodengrund- und Flüssig-düngung
CO_2: geringe Konzentrationen fördern das Wachstum, 5 mg/l
Temperatur: 22 bis 28 °C
Wuchs: grundständig, bis 25 cm

Aquarientyp R

Cryptocoryne cordata
Herzblättriger Wasserkelch
Wasser: mittelhart, 10 bis 14 °dGH, 7 bis 9 °KH
Licht: mittlere Beleuchtungsstärke
Nährstoffe: Bodengrund und Flüssig-düngung
CO_2: Zudosierung von geringen Mengen, 5 mg/l
Achtung: pH-Wert-Schwankungen können zur Blattfäule führen.
Temperatur: 22 bis 27 °C
Wuchs: herzblättrig, etwa 40 cm

Aquarientyp R

Cryptocoryne crispatula var. *crispatula*
Grasblättriger Wasserkelch
Wasser: mittelhart bis hart, 7 bis 14 °dGH, 9 bis 13 °KH
Licht: mittlere Beleuchtungsstärke
Nährstoffe: Bodengrund und Flüssig-düngung
CO_2: benötigt und verträgt mittlere Konzentrationen, 5 bis 10 mg/l
Temperatur: 20 bis 26 °C
Wuchs: langblättrige Rosettenpflanze, bis 40 cm

Cryptocoryne pontederiifolia
Pontederia-Wasserkelch

Wasser: mittelhart, 10 bis 14 °dGH,
7 bis 9 °KH
Licht: mittlere Beleuchtungsstärke
Nährstoffe: Bodengrund und Flüssig-
düngung
CO_2: Zudosierung von geringen Mengen,
etwa 5 mg/l
Achtung: pH-Wert Schwankungen können
zur Blattfäule führen.
Temperatur: 22 bis 27 °C
Wuchs: großblättriger Wasserkelch,
bis 25 cm

Aquarientyp S, R

Cryptocoryne wendtii
Wendts Wasserkelch

Wasser: weich bis hart, 7 bis 21 °dGH,
4 bis 13 °KH
Licht: gering bis intensiv
Nährstoffe: Bodengrund und Flüssigdüngung
CO_2: Zudosierung von geringen Mengen,
etwa 5 mg/l. Achtung: pH-Wert Schwankungen können zur Blattfäule führen.
Temperatur: 20 bis 26 °C
Wuchs: zahlreiche Wuchs- und Farbformen,
5 bis 25 cm

Aquarientyp G, R

Echinodorus x barthii
Barths Schwertpflanze

Wasser: weich bis hart, 7 bis 21 °dGH,
4 bis 13 °KH
Licht: intensives Licht, bei einer geringen
Beleuchtung vergrünen die Blätter
Nährstoffe: Bodengrund- und Flüssig-
dünger
CO_2: benötigt und verträgt höhere
Zugaben, 15 mg/l
Temperatur: 20 bis 28 °C
Wuchs: buntlaubige Rosettenpflanze,
bis 25 cm

Aquarientyp S

Aquarientyp B

Echinodorus bleheri
Blehers Schwertpflanze
Wasser: weich bis hart, 7 bis 21 °dGH, 4 bis 13 °KH
Licht: mittlere Beleuchtungsstärke
Nährstoffe: Bodengrund- und Flüssig-düngung
CO_2: mittlere Konzentrationen fördern das Wachstum, 10 mg/l
Temperatur: 22 bis 28 °C
Wuchs: wuchtige Rosettenpflanze, 40 bis 60 cm hoch

Aquarientyp B, H

Echinodorus cordifolius 'Mini'
Wasser: weich bis hart, 7 bis 21 °dGH, 4 bis 13 °KH
Licht: mittlere Beleuchtungsstärke
Nährstoffe: Bodengrund- und Flüssig-düngung
CO_2: geringe Konzentrationen sind ausreichend
Temperatur: 22 bis 28 °C
Wuchs: großblättrige Rosettenpflanze, bis 25 cm

Aquarientyp G

Echinodorus 'Ozelot Rot'
Wasser: weich bis mittelhart, 7 bis 14 °dGH, 4 bis 9 °KH
Licht: mittlere Beleuchtungsstärke
Nährstoffe: Bodengrund- und Flüssig-dünger
CO_2: geringe Konzentrationen fördern das Wachstum, 5 bis 10 mg/l
Temperatur: 20 bis 28 °C
Wuchs: großblättrige gescheckte Rosetten-pflanze, etwa 30 cm hoch

Echinodorus parviflorus
Schwarze Schwertpflanze
Wasser: weich bis hart, 7 bis 21 °dGH,
4 bis 13 °KH
Licht: mittlere Beleuchtungsstärke
Nährstoffe: Flüssigdüngung ausreichend
CO_2: geringe Konzentrationen fördern das
Wachstum, 5 bis 10 mg/l
Temperatur: 20 bis 26 °C
Wuchs: Rosettenpflanze, Solitärpflanzen
etwa 25 cm hoch

Aquarientyp B, K

Echinodorus tenellus
Zwerg-Schwertpflanze
Wasser: weich bis mittelhart, 7 bis 14 °dGH,
4 bis 9 °KH
Licht: so intensiv wie möglich
Nährstoffe: Bodengrunddüngung
CO_2: Zudosierung fördert das Wachstum,
10 bis 15 mg/l
Temperatur: 18 bis 28 °C
Wuchs: bis 5 cm hoch, rasenartig

Aquarientyp G, K

Hemianthus micranthemoides
Zierliches Perlenkraut
Wasser: weich bis hart, 7 bis 21 °dGH,
4 bis 13 °KH
Licht: intensiv
Nährstoffe: Bodengrund- und Flüssig-
düngung
CO_2: benötigt höhere Zugaben, 15 mg/l
Temperatur: 18 bis 24 °C
Wuchs: kleinblättrige Stängelpflanze,
etwa 25 cm hoch

Aquarientyp S

Aquarientyp D

Heteranthera zosteraefolia
Seegrasblättriges Trugkölbchen
Wasser: weich bis hart, 7 bis 21 °dGH,
4 bis 13 °KH
Licht: mittlere Beleuchtungsstärke
Nährstoffe: Flüssigdüngung
CO_2: geringe Konzentrationen sind
ausreichend, 5 mg/l
Temperatur: 22 bis 28 °C
Wuchs: schnell wachsende Sprosspflanze,
flutend

Aquarientyp G, D

Hydrocotyle leucocephala
Brasilianischer Wassernabel
Wasser: weich bis hart, 7 bis 21 °dGH,
4 bis 13 °KH
Licht: mittel bis intensiv
Nährstoffe: Flüssigdüngung
CO_2: geringe Konzentrationen sind
ausreichend, 5 mg/l
Temperatur: 20 bis 28 °C
Wuchs: schnell wachsende Sprosspflanze,
wächst auf der Wasseroberfläche flutend
weiter

Aquarientyp H

Hygrophila corymbosa
Riesenwasserfreund
Wasser: mittelhart, 10 bis 14 °dGH,
7 bis 9 °KH
Licht: mittlere Beleuchtungsstärke
Nährstoffe: Bodengrund- und Flüssig-
düngung
CO_2: geringe Konzentrationen fördern das
Wachstum, 5 mg/l
Temperatur: 22 bis 28 °C
Wuchs: dekorative hellgrüne Sprosspflanze,
wächst aus dem Aquarium heraus

Hygrophila difformis
Indischer Wasserstern
Wasser: weich bis hart, 7 bis 21 °dGH,
4 bis 13 °KH
Licht: intensiv
Nährstoffe: Bodengrund- und Flüssig-
düngung
CO_2: geringe Konzentrationen sind aus-
reichend, 5 mg/l
Temperatur: 22 bis 28 °C
Wuchs: schnell wachsende Stängelpflanze,
wächst aus dem Wasser heraus

Aquarientyp S, H

Hygrophila polysperma
Indischer Wasserfreund
Wasser: bevorzugt härteres Wasser,
10 bis 21 °dGH, 7 bis 13 °KH
Licht: gering bis intensiv
Nährstoffe: Flüssigdüngung
CO_2: geringe Konzentrationen fördern
das Wachstum, 5 mg/l
Temperatur: 22 bis 28 °C
Wuchs: schnell wachsende schmalblättrige
Sprosspflanze

Aquarientyp G

Lilaeopsis brasiliensis
Brasilianische Graspflanze
Wasser: weich bis mittelhart,
7 bis 14 °dGH, 4 bis 9 °KH
Licht: intensiv
Nährstoffe: Bodengrund- und Flüssig-
düngung
CO_2: benötigt mittlere Konzentrationen,
10 mg/l
Temperatur: 18 bis 26 °C
Wuchs: grasartige Ausläuferpflanze

Aquarientyp H

Aquarientyp D

Limnobium laevigatum
Südamerikanischer Froschbiss
Wasser: weich bis mittelhart,
7 bis 14 °dGH, 4 bis 9 °KH
Licht: mittlere bis intensive Beleuchtungs-
stärke
Nährstoffe: Flüssigdüngung
CO_2: Wird der Atmosphäre entnommen
Temperatur: 10 bis 28 °C
Wuchs: Schwimmpflanze, bildet zahlreiche
Ableger

Aquarientyp G, R

Limnophila sessiliflora
Blütenstielloser Sumpffreund
Wasser: mittelhart bis hart,
10 bis 21 °dGH, 7 bis 13 °KH
Licht: intensiv
Nährstoffe: Flüssigdünger
CO_2: benötigt mittlere Konzentrationen,
5 bis 10 mg/l
Temperatur: 25 bis 28 °C
Wuchs: schnell wachsende feinfiederige
Stängelpflanze, bis 50 cm

Aquarientyp H

Lobelia cardinalis
Kardinalslobelie
Wasser: mittelhart, 10 bis 14 °dGH,
7 bis 9 °KH
Licht: mittlere Beleuchtungsstärke
Nährstoffe: Bodengrund- und Flüssig-
düngung
CO_2: geringe Konzentrationen sind
ausreichend, 5 mg/l
Temperatur: 22 bis 26 °C
Wuchs: Sprosspflanze, ideal für Pflanzen-
straßen, bis 30 cm

Ludwigia arcuata
Schmalblättrige Ludwigie
Wasser: weich bis mittelhart,
7 bis 14 °dGH, 4 bis 9 °KH
Licht: intensiv
Nährstoffe: Bodengrund- und Flüssig-
düngung
CO_2: benötigt mittlere Konzentrationen,
5 bis 10 mg/l
Temperatur: 18 bis 26 °C
Wuchs: schmalblättrige Sprosspflanze,
etwa 30 cm

Ludwigia repens
Rundblättrige Ludwigie
Wasser: weich bis hart, 7 bis 21 °dGH,
4 bis 13 °KH
Licht: mittlere Beleuchtungsstärke
Nährstoffe: Bodengrund- und Flüssig-
düngung
CO_2: geringe Konzentrationen sind
ausreichend, 5 mg/l
Temperatur: 18 bis 26 °C
Wuchs: rundblättrige Sprosspflanze,
flutendes Wachstum

Mayaca fluviatilis
Grünes Mooskraut
Wasser: weich, 7 bis 14 °dGH, 4 bis 9 °KH
Licht: intensiv
Nährstoffe: Flüssigdüngung
CO_2: mittlere bis hohe Konzentration,
10 bis 15 mg/l
Temperatur: 22 bis 28 °C
Wuchs: nadelblättrige Sprosspflanze,
bis 40 cm

Aquarientyp B, R

Microsorum pteropus
Javafarn
Wasser: mittelhart bis hart,
10 bis 21 °dGH, 7 bis 13 °KH
Licht: anspruchslos
Nährstoffe: Flüssigdüngung
CO_2: geringe Konzentrationen fördern das
Wachstum, 5 mg/l
Temperatur: 22 bis 28 °C
Wuchs: langsam wachsende Rhizompflanze

Aquarientyp D

Myriophyllum aquaticum
Brasilianisches Tausendblatt
Wasser: weich bis mittelhart, 7 bis 14 °dGH,
4 bis 9 °KH
Licht: mittlere bis intensive Beleuchtungs-
stärke
Nährstoffe: Flüssigdüngung
CO_2: benötigt höhere Konzentrationen,
15 mg/l
Temperatur: verträgt auch kühlere
Temperaturen, 10 bis 25 °C
Wuchs: feinfiedrige Sprosspflanze

Aquarientyp S

Pistia stratioides
Muschelblume
Wasser: weich bis hart, 7 bis 21 °dGH,
4 bis 13 °KH
Licht: mittlere Beleuchtungsstärke
Nährstoffe: Flüssigdüngung
CO_2: wird der Atmosphäre entnommen
Temperatur: 10 bis 28 °C
Wuchs: Schwimmpflanze, Rosette;
je intensiver die Beleuchtung, desto größer
der Durchmesser

Riccia fluitans
Lebermoos
Wasser: weich bis hart, 7 bis 21 °dGH, 4 bis 13 °KH
Licht: intensiv
Nährstoffe: Flüssigdüngung
CO_2: als Schwimmpflanze entnimmt das Lebermoos das Kohlendioxid der Atmosphäre, submers benötigt es eine mittlere Konzentration von 5 bis 10 mg/l
Temperatur: 20 bis 27 °C
Wuchs: schwimmende Polster und zum Begrünen von Dekorationselementen

Aquarientyp G, R

Rotala rotundifolia
Rundblättrige Rotala
Wasser: weich bis hart, 7 bis 21 °dGH, 4 bis 13 °KH
Licht: mittlere bis intensive Beleuchtungsstärke
Nährstoffe: Flüssigdüngung
CO_2: mittlere Konzentration erforderlich, 10 mg/l
Temperatur: 22 bis 28 °C
Wuchs: schnellwüchsige Stängelpflanze, flutend

Aquarientyp S

Sagittaria subulata
Kleines Pfeilkraut
Wasser: mittelhart bis hart, 14 bis 21 °dGH, 9 bis 13 °KH
Licht: mittlere bis intensive Beleuchtungsstärke
Nährstoffe: Bodengrund- und Flüssigdüngung
CO_2: geringe Konzentrationen sind ausreichend, 5 mg/l
Temperatur: 18 bis 26 °C
Wuchs: grasartig, stark Ausläufer bildend

Aquarientyp D

Vallisneria americana var. *americana*
Amerikanische Sumpfschraube
Wasser: mittelhart bis hart,
14 bis 21 °dGH, 9 bis 13 °KH
Licht: mittlere Beleuchtungsstärke
Nährstoffe: Flüssigdüngung ist ausreichend
CO_2: benötigt geringe Konzentrationen,
5 mg/l
Temperatur: 22 bis 28 °C
Wuchs: Rosettenpflanze mit bandartigen
Blättern, bis zu 50 cm Länge

Vallisneria spiralis
Gewöhnliche Sumpfschraube
Wasser: bevorzugt härteres Wasser,
10 bis 21 °dGH, 7 bis 13 °KH
Licht: mittlere Beleuchtungsstärke
Nährstoffe: Flüssigdünger
CO_2: geringe Konzentrationen fördern das
Wachstum, 5 mg/l
Temperatur: 20 bis 28 °C
Wuchs: bandartige Rosettenpflanze,
bis 60 cm lang

Vesicularia dubyana
Javamoos
Wasser: bevorzugt härteres Wasser,
10 bis 21 °dGH, 7 bis 13 °KH
Licht: anspruchslos
Nährstoffe: Flüssigdüngung
CO_2: geringe Zugaben sind ausreichend,
5 mg/l
Temperatur: 18 bis 28 °C
Wuchs: stark verzweigte Stängel bilden
dichte Polster

Die Standardausführung: das Gesellschaftsaquarium

Aquarientyp G
Beckengröße:
100 cm (L) x 40 cm (T) x 50 (H) cm, 200 Liter Inhalt
Hintergrund:
Hydrocotyle leucocephala, Brasilianischer Wassernabel, 2 Bund
Hygrophila polysperma, Indischer Wasserfreund, 2 Bund
Limnophila sessiillora, Blütenstielloser Sumpffreund, 2 Bund
Vallisneria americana, Amerikanische Sumpfschraube, 3 Bund
Mittelgrund:
Echinodorus sp. 'Ozelot Rot', 1 Solitärpflanze
Cryptocoryne wendtii, Wendts Wasserkelch, 3 Töpfe
Vordergrund:
Echinodorus tenellus, Zwerg-Schwertpflanze, 4 Töpfe
Schwimmpflanzen:
Riccia fluitans, Lebermoos, 1 bis 2 Polster

Im Vergleich zum Tierbesatz gestaltet sich die Vergesellschaftung verschiedenartiger Pflanzen viel einfacher.

Gut wachsende und robuste Pflanzen eignen sich besonders für ein Gesellschaftsaquarium.

Fast jeder Aquarianer beginnt in der Aquaristik mit der typischen Einsteigerversion, dem »Gesellschaftsaquarium«. Aufgrund der noch geringen Kenntnisse erwirbt er eine bunte Auswahl an Fischen und Pflanzen, meist ohne Rücksicht auf Herkunft und Pflegeansprüche. Das Aussehen entscheidet oft über die Auswahl der Gattungen und Arten.

Infolge der meist erhöhten Nitratkonzentration kommt im Gesellschaftsaquarium der »Biofilter« Aquarienpflanze schnell zum Einsatz.

Bei einer derartigen Handhabung sind Fehlschläge vorprogrammiert. Selbstverständlich können Tiere und Pflanzen aus verschiedenen geografischen Verbreitungsgebieten zusammen in einem Aquarium gepflegt werden. Voraussetzung ist aber die Kenntnis der jeweiligen Ansprüche dieser Lebewesen. Die Kultur von verschiedenen Pflanzen im Aquarium erweist sich im Gegensatz zu einer Pflege von verschiedenartigen Tieren als viel einfacher, denn der Aquarianer kann selber den Standort bestimmen und auf jede Pflanze spezifisch eingehen.

Aufgrund des meist »kunterbunten« und erhöhten Fischbesatzes enthält das Aquariumwasser oft erhöhte Nitratkonzentrationen, die auf Dauer zu einem Algenproblem führen können. Für die Gestaltung bieten sich deshalb vor allen Aquarienpflanzen an, die aufgrund ihres guten Wachstums dem Wasser viele Nährstoffe entziehen und den Aquarianer durch ihre Ansprüche nicht überfordern. Langsam wachsende und anspruchsvolle Gewächse hätten infolge der Wasserbelastung langfristig keine Chance, sich in diesem Aquarium optimal zu entwickeln.

Nichts für zarte Pflanzen: das Buntbarschbecken

Aquarientyp B
Beckengröße:
120 (L) x 50 (T) x 50 (H) cm, 300 Liter Inhalt
Hintergrund:
Crinum natans, Flutende Hakenlilie, 4 Pflanzen
Echinodorus bleheri, Blehers Schwertpflanze, 1 Solitärpflanze
Echinodorus cordifolius, Herzblättrige Schwertpflanze,
1 Solitärpflanze
Vallisneria spiralis, Gewöhnliche Sumpfschraube, 3 Bund
Mittelgrund:
Echinodorus parviflorus, Schwarze Schwertpflanze, 3 Pflanzen
Aufsitzerpflanzen:
Microsorum pteropus, Javafarn, 2 Pflanzen

Großblättrige und zähe Pflanzen finden ihren Platz im Buntbarschbecken.

Buntbarsche »genießen« den Ruf, nicht gerade zimperlich mit Aquarienpflanzen umzugehen. Diese für ein Pflanzenaquarium schlechten Eigenschaften zeigen jedoch keineswegs alle Gattungen oder Arten. Besonders kleinere Vertreter, etwa die Zwergbuntbarsche, lassen sich problemlos in einem schön bepflanzten Aquarium pflegen, ohne eine nennenswerte Schädigung der

Echinodorus parvi-
florus eignet sich für
den Mittelgrund des
Buntbarschaquari-
ums.

Bepflanzung zu verursachen. Etwas schwieriger wird es jedoch bei der Pflege von größeren Buntbarschen. Sie verfügen oft über einen sehr eigenwilligen Geschmack in Bezug auf die Einrichtung und erfreuen den Pfleger mit einer »kreativen« Neugestaltung des Aquariums. Zarte und feinfiedrige Pflanzen können dabei kurzerhand ab- oder herausgerissen werden.

Um aber auch diese Becken zu begrünen, ist es möglich, grobblättrige Aquarienpflanzen zu verwenden und sie mit Steinen und Wurzeln zu sichern. Besonders die großblättrigen Schwertpflanzen der Gattung *Echinodorus* eignen sich für eine Bepflanzung eines Aquariums, in dem wühlfreudige Buntbarsche ihr »Unwesen« treiben. Neben der dekorativen Wirkung dienen die Pflanzen auch oft als markante Revierbegrenzung oder als Substrat für den Laich. Ideal ist auch die Begrünung von Dekorationsgegenständen, da diese durch die »Buddelei« nicht beeinträchtigt werden. Hierfür eignen sich besonders der Hornfarn (*Ceratopteris cornuta*) und der Javafarn (*Microsorum pteropus*). Wichtigstes Kriterium für die richtige Auswahl der Pflanzen ist eine gewisse Bissfestigkeit, Unappetitlichkeit sowie eine gute Wurzelbildung für ein schnelles und sicheres Anwachsen im Bodengrund oder am Substrat.

61

Pflanzenaquarium mit Schwimmraum: das Schwarmfischbecken

Aquarientyp S
Beckengröße:
120 cm (L) x 40 cm (T) x 50 cm (H), 240 Liter Inhalt
Hintergrund:
Hygrophila difformis, Indischer Wasserstern, 2 Bund
Limnophila sessiliflora, Blütenstielloser Sumpffreund, 3 Bund
Rotala rotundifolia, Rundblättrige *Rotala*, 2 Bund
Vallisneria americana var. *americana*, Amerikanische Sumpf-schraube, 3 Bund
Mittelgrund:
Cryptocoryne pontederifolia, Pontederia-Wasserkelch, 3 Pflanzen
Echinodorus x *barthii*, Barths Schwertpflanze, 1 Solitärpflanze
Hemianthus micranthemoides, Zierliches Perlenkraut, 2 Töpfe
Vordergrund:
Echinodorus tenellus, Zwerg-Schwertpflanze, 5 Töpfe
Aufsitzerpflanzen:
Vesicularia dubyana, Javamoos
Schwimmpflanzen:
Pistia stratiotes, Muschelblume, 2 bis 3 Pflanzen

Eine Pflanzenaus-wahl, die Nutzen und Schönheit mit einander verbindet.

Zu den beliebten und häufig gepflegten Aquarienfischen gehören die Schwarmfische. Bei Schwarmfischen handelt es sich nicht um eine bestimmte Gattung oder Art, sondern um eine aufgrund des Verhaltens zusammengefasste Fischgruppe. Der Zusammen-schluss einer größeren Fischgruppe dient dem Schutz jedes ein-zelnen Individuums. Ist das Umfeld der Fische friedlich, bilden sie eher lockere Gruppierungen, droht aber Gefahr, dann finden sich die Tiere sofort zu einem dichten Schwarm zusammen.

Schwarmfische gehören zu den häufig gepflegten Tieren im Aquarium. Finden sie ein ent-sprechend ihrer Bedürfnisse einge-richtetes Aquarium vor, kommt ihr Ver-halten noch besser zur Geltung.

Die Wahrscheinlichkeit, im Schwarm Opfer eines Fressfeindes zu werden, ist um ein Vielfaches geringer als wenn der Fisch allei-ne dem Beutegreifer gegenüberstehen würde. Eine Fischgruppe mit synchronen Bewegungen wird vom Räuber als ein großes Objekt angesehen; es irritiert ihn, wenn es beim Zugreifen in mehrere Stücke auseinanderbricht. Das Verhalten kann man auch sehr gut im Aquarium beobachten, wenn Schwarmfische in Gesellschaft von Revier bildenden Fischen gepflegt werden. Zeigen diese ein verstärktes territoriales Verhalten, dann verstärkt sich auch die Neigung zur Schwarmbildung bei den Schwarmfischen. Salmler und Barben gehören zu den Fischgruppen, bei denen die Neigung zur Schwarmbildung besonders häufig ausgeprägt ist.

Dicht wachsende und feinblättrige Pflanzen für den Hintergrund und viel Platz zum Schwimmen zeichnen dieses Becken aus.

Für die optimale Pflege von schwarmbildenen Fischen im Aquarium ist es sinnvoll, sich an den Bedürfnissen der jeweiligen Art zu orientieren; die Grundzüge der Einrichtung eines Schwarmfischaquariums sind jedoch relativ gleich. Um dem Bestreben nach einer größeren Gemeinschaft im Schwarm entgegenzukommen, sollten mindestens 10 bis 15 Tiere einer Art gepflegt werden. Entsprechend der Größe der gepflegten Tiere ist ein Aquarium mit einer möglichst großen Grundfläche und angemessener Länge zu wählen.

Schwarmfische benötigen eine Einrichtung mit ausreichend freiem Schwimmraum, was durch eine Pflanzung von niedrig wachsenden Aquarienpflanzen im Vorder- und Mittelgrund erreicht werden kann. Die Randbereiche des freien Raumes können mit Pflanzen des Hintergrundes dicht und abwechslungsreich bepflanzt werden, zwischen die sich die Fische zeitweise gern zurückziehen. Besonders Stängelpflanzen der Gattungen *Cabomba* (Wasserhaarnixen), *Limnophila* (Sumpffreund) und *Myriophyllum* (Tausendblatt) eignen sich ausgezeichnet für diesen Zweck. Diese feinfiedrigen Stängelpflanzen sind zudem auch geeignete Ablaichpflanzen, zwischen denen bei entsprechender Beckengröße durchaus einige Jungfische heranwachsen können. Auch Schwimmpflanzen finden in diesem Aquarium ihre Verwendung, denn zahlreiche Schwarmfischarten nutzen den von ihnen geworfenen Schatten als schützenden Unterstand.

63

Perfektionismus im Aquarium: das »Holländische Aquarium«

Die Auswahl der Pflanzen wird bei einem »Holländischen Aquarium« nicht dem Zufall überlassen und verlangt eine genaue vorherige Planung.

Aquarientyp H
Beckengröße:
120 cm (L) x 50 cm (T) x 50 cm (H), 300 Liter Inhalt
Hintergrund:
Aponogeton crispus, Krause Wasserähre, 1 Pflanze
Cabomba caroliniana, Grüne Wasserhaarnixe, 2 Bund
Hygrophila corymbosa 'Siamensis', Riesenwasserfreund, 1 Bund
Hygrophila difformis, Indischer Wasserstern, 2 Bund
Ludwigia repens, Rundblättrige Ludwigie, 1 Bund
Lobelia cardinalis, Kardinalslobelie, 3 Töpfe (Pflanzenstraße)
Mittelgrund:
Alternanthera reineckii 'Lilablättrig', Papageienblatt, 3 Töpfe
Bacopa caroliniana, Großes Fettblatt, 1 Bund
Cryptocoryne beckettii, Becketts Wasserkelch, 3 Töpfe
Echinodorus cordifolius 'Mini', 1 Solitärpflanze
Ludwigia arcuata, Schmalblättrige Ludwigie, 1 Bund
Lobelia cardinalis, Kardinalslobelie, 4 Töpfe (Pflanzenstraße)
Vordergrund:
Lilaeopsis brasiliensis, Brasilianische Graspflanze, 6 Töpfe
Lobelia cardinalis, Kardinalslobelie, 6 Töpfe (Pflanzenstraße)

Auch mit *Bacopa monnieri* lässt sich eine Pflanzenstraße realisieren.

Klare Formen, Farben und die durchdachte Gestaltung lassen ein »Holländisches Aquarium« erst richtig zur Geltung kommen.

Aquarien mit einer dekorativen Bepflanzung zählen zu den größten Zierden der Aquaristik. Besonders die weltberühmten »Holländischen Pflanzenaquarien« sind im Kreise vieler Aquarianer Sinnbild eines perfekten Unterwassergartens. Durch die bis ins kleinste Detail durchdachte Planung, Einrichtung und Pflege dieser Pflanzenaquarien entstehen wahre Kunstwerke im Glaskasten.

Ein Erkennungsmerkmal eines echten »Holländischen Pflanzenaquariums« ist die harmonische und stilvolle Einfügung in den Wohnraum. Hierzu gehört nicht das Aquariums selber, sondern auch seine Einrichtung samt des Fischbesatzes. Hauptkriterium bei der Gestaltung dieser prachtvollen Unterwassergärten ist die Verwendung unterschiedlichster Aquarienpflanzen. In einer durch Wurzeln und Steinen geprägten Landschaft erzeugen die Pflanzen Kontraste mit ihren verschiedenen Wuchsformen und Färbungen.

Die Grundlage der erfolgreiche Pflege dieses Aquarientyps sind Übereinstimmung und Umsetzung der Kultur- und Pflegeansprüche der Pflanzen und Tiere. Ein Aquarium mit unbefriedigendem Pflanzenwuchs und einem sich unwohl fühlendem Fischbestand wäre auf keinen Fall ein »Holländisches Pflanzenaquarium«. Bei der Bewertung der Aquarien legt man sehr großen Wert auf eine saubere und gepflegte Ausstrahlung der gesamtem Aquarienanlage, wobei die technischen Hilfsmittel sowohl optisch als auch akustisch nicht wahrgenommen werden dürfen. Die Einrichtung zeichnet sich durch eine aufwändige, äußerst akkurate Gestaltung aus, bei der nichts dem Zufall überlassen wird.

Ein besonders ansprechendes Element dieses Aquarientyps ist die »Leidener Straße«. Hierbei steigt eine einheitliche Pflanzung (ursprünglich die »Leidener Pflanze«, der Eidechsenschwanz, *Saururus cernuus*) vom Vordergrund bis zum Hintergrund langsam und gleichmäßig an. Um diesen Effekt dauerhaft zu erhalten, ist es notwendig, die verwendeten Pflanzen in regelmäßigen Abständen aus dem Bodengrund zu entnehmen, Kopfstecklinge zu erstellen und neu zu pflanzen.

Zu diesem »Garten Eden« gehört natürlich auch ein auserwählter Fischbesatz, der genau auf die Einrichtung des Aquariums abgestimmt wird. Besonderer Wert wird auf eine gelungene Farb- und Gestaltzusammenstellung gelegt. Neben den optischen Kriterien des Fischbesatzes ist es auch von Bedeutung, dass die Wasserzonen des Aquariums vom Bodengrund bis zur Wasseroberfläche gleichmäßig besetzt werden. So schön »Holländische Pflanzenaquarien« auch sind, der Reiz der Unterwasserlandschaft liegt in der Sorgfalt und Sauberkeit der Bepflanzung. Um das perfekte Unterwasserbild dauerhaft zu erhalten ist es erforderlich, sich mit der Bepflanzung mehrere Stunden pro Woche zu beschäftigen. Versäumt man den regelmäßigen Schnitt oder das Auslichten der Pflanzen, so verliert das Aquarium sehr schnell an Ästhetik.

Biotopaquarien

Die Einrichtung eines einem natürlichen Biotop ähnlichen Aquariums entspricht häufig nicht den optischen Vorstellungen von Aquarianern, die den Schwerpunkt der Einrichtung auf eine abwechslungsreiche Bepflanzung legen wollen. Oft wird das Umfeld eines Biotops geprägt durch eine einheitliche mineralische oder organische Beschaffenheit. Oft handelt es sich um eine grob kiesige, geröllhaltige bis felsige Wasserlandschaft, wie sie in mehr oder weniger schnell fließenden Gewässern vorzufinden ist. Diese Gewässerabschnitte sind relativ pflanzenarm und aus der Sicht eines Pflanzenaquarianers eher uninteressant.

In ruhigeren Gewässern, die in der Regenzeit häufig über die Ufer treten und große Bereiche überschwemmen, dominieren oft organische Materialien im Wasser. Ein Durcheinander von Laub, Ästen und Wurzeln simuliert eher einen geheimnisvollen Unterwasserwald als eine dekorative Pflanzenlandschaft. In diesen

Markenzeichen eines »Holländischen Aquariums« ist die zu einer Straße geformte Pflanzengruppe.

Das wirkliche Aussehen von echten Biotopen entspricht selten der Vorstellung, die wir von einem schön bepflanzten Aquarium haben.

66

Eine dichte Kombi-
nation aus Pflanzen
und Wurzeln gibt
diesem Aquarium
eine besondere
Note.

Bereichen ist das Vorkommen an aquarientauglichen Gewächsen
deutlich höher. Trotzdem würde der Anblick dieser Biotope den
Aquarianer nicht besonders inspirieren. Anstelle dekorativer
Bodendecker trifft er hier nur dicke Laub- oder Sedimentschichten
an, und beim Anblick der im Wasser modernden Äste scheut man
schnell davor zurück, solche Biotoplandschaften im Wohnraum
nachzubilden. Trotz allem haben derartige Biotope ihren Reiz,
und hier können Tiere gepflegt und sogar vermehrt werden, die
auf diese Bedingungen angewiesen sind. Bei den beiden folgenden Einrichtungsbeispielen handelt es sich nicht um eine detail-
getreue Wiedergabe eines entsprechenden Biotopes, sondern um
einen Kompromiss zwischen den Bedürfnissen der Tiere, einer
Nachahmung des Lebensraumes sowie einer für den Wohnraum
optisch ansprechenden Ästhetik.

Deckungsreiche Biotope

Aquarientyp D
Beckengröße:
100 cm (L) x 40 cm (T) x 40 cm (H), 160 Liter Inhalt
Hintergrund:
Heteranthera zosteraefolia, Trugkölbchen, 2 Bund
Hydrocotyle leucocephala, Brasilianischer Wassernabel, 2 Bund
Myriophyllum aquaticum, Brasilianisches Tausendblatt, 3 Bund

Das Grüne Mooskraut (*Mayaca fluviatilis*) eignet sich gut für den Mittelgrund deckungsreicher Aquarien.

Mittelgrund:
Mayaca fluviatilis, Grünes Mooskraut, 2 Bund
Sagittaria subulata, Kleines Pfeilkraut, 2 Bund
Vordergrund:
Sagittaria subulata, Kleines Pfeilkraut, 4 Bund
Schwimmpflanzen:
Limnobium laevigatum, Südamerikanischer Froschbiss, 2 bis 3 Pflanzen

Pflanzen erfüllen sowohl im natürlichen Biotop als auch im Aquarium wichtige Aufgaben. Eine bedeutende Funktion ist der Schutz vor Fressfeinden. Um möglichst unentdeckt zu bleiben, haben sich einige Fischarten in Gestalt, Farbe und Verhalten an ihren deckungsreichen Lebensraum angepasst. Paradebeispiel für solche Deckungskünstler sind die südamerikanischen Schrägsteher (*Nannobrycon*) oder die Ziersalmler (*Nannostomus*). Diese relativ kleinen und im Aquarium sehr gut zu pflegenden Fischgattungen leben in kleinen Nebengewässern, die eine dichte Vegetation aufweisen. Angepasst an die zahllosen ins Wasser hinein ragenden Ästen, Wurzeln und Pflanzen, finden sie hier den benötigten Schutz, Nahrung und die Möglichkeit der Fortpflanzung.

Bei der Bepflanzung berücksichtigt man die besonderen Ansprüche der gepflegten Fische.

Möchte man diese Tiere erfolgreich pflegen und vielleicht sogar vermehren, ist es empfehlenswert, die Fische in einem ihrem

Dicht bepflanzte und mit Wurzeln besetztes Aquarium werden dem Gedanken eines Wohnzimmer tauglichen Biotopes am ehesten gerecht.

Biotop ähnlichen Artenaquarium zu pflegen. Mit Hilfe fein verzweigter Wurzeln, die in einem dichten Pflanzenbestand platziert werden, lassen sich sehr gut deckungsreiche Zonen im Aquarium gestalten. Diese Art von Biotop kommt dem Gedanken eines bepflanzten Aquariums sehr nahe und bietet sich aufgrund der geringen Größe und Friedlichkeit der Fische auch für kleinere Behälter an.

Lebensraum »Reisfeld«

Aquarientyp R
Beckengröße:
120 cm (L) x 40 cm (T) x 50 cm (H), 240 Liter Inhalt
Hintergrund:
Ceratopteris thalictroides, Feinblättriger Sumatrafarn,
1 Solitärpflanze
Cryptocoryne crispatula var. *crispatula*,
Grasblättriger Wasserkelch, 3 Bund
Mittelgrund:
Cryptocoryne cordata, Herzblättriger Wasserkelch, 3 Bund
Cryptocoryne pontederiifolia, Pontederia-Wasserkelch, 2 Töpfe
Aufsitzerpflanze:
Microsorum pteropus, Javafarn, 1 Solitärpflanze
Vordergrund:
Cryptocoryne wendtii, Wendts Wasserkelch, 3 Töpfe

Nicht nur der Liebhaber von Labyrinthfischen, sondern auch der Cryptocorynen-Spezialist kommt bei dieser Form von Biotopaquarium auf seine Kosten.

Schwimmpflanzen:

Ceratopteris thalictroides, Sumatrafarn, siehe auch beim Hintergrund
Riccia fluitans, Lebermoos, 1 bis 2 Polster

Die stehenden und flachen Gewässer Asiens, etwa Sümpfe, Teiche oder Reisterrassen, sind die Heimat vieler Labyrinthfische. Diese Biotope zeichnen sich durch periodisch auftretende Sauerstoffdefizite aus. Besonders in der Trockenzeit erwärmen sich die Gewässer derart, dass ein Überleben aufgrund der niedrigen Sauerstoffkonzentration mit ausschließlicher Kiemenatmung nicht mehr möglich ist. In Anpassung an diese normalerweise für Fische lebensfeindlichen Biotope entwickelten die Labyrinthfische ein zusätzliches Atmungsorgan, das Labyrinth. Mit Hilfe dieses Organs ist es den Fischen möglich, ergänzend zur Kiemenatmung atmosphärische Luft von der Wasseroberfläche aufzunehmen.

Die Luftatmung ermöglicht außerdem eine besondere Art der Brutpflege. Mit Hilfe der aufgenommenen Luft und einem im Bereich der Mundhöhle erzeugten Sekret sind viele Labyrinthfische in der Lage, Schaumblasen für den Nestbau zu erzeugen. Die Blasen werden an geeigneter Stelle zwischen den Schwimmpflanzen platziert und bilden mit zunehmender Anzahl ein richtiges Schaumnest. In dieses Nest wird der Laich abgegeben. Erwähnenswert ist die Aufgabenverteilung bei der Bewachung des Geleges. Männliche Fadenfische übernehmen nach dem Ablaichen die Überwachung des Schaumnestes und verteidigen es sogar energisch gegenüber dem Weibchen. Bei anderen Arten, etwa den Kampffischen, bewacht das Männchen den Nah- und das Weibchen den Fernbereich des Nestes.

Für die Pflege von Schaumnester bauenden Labyrinthfischen empfiehlt sich die Verwendung eines offenen Aquariums, das allerdings von einem genügend hohen Rand umgeben sein muss, um das Herausspringen der Tiere zu verhindern. Hier finden die Schwimmpflanzen den Raum, um sich optimal zu entfalten. Weiterhin bietet der Blick von oben die Möglichkeit, den Bau des Nestes zu beobachten. Man kann diesen Lebensraum auch im geschlossenen Aquarium nachzubilden. Hier sollte allerdings der Wasserstand um etwa 15 bis 20 cm abgesenkt werden, um den Schwimmpflanzen den nötigen Raum zur Entfaltung zu bieten.

Zur Gestaltung eines einem Biotop ähnlichen Aquariums empfiehlt sich eine lockere Wasseroberflächenbegrünung in Form von Schwimmpflanzen und flutenden Blättern oder Sprossen. Hier bietet sich hervorragend der Feinblättrige Sumatrafarn (*Cerato-*

Spezielle Biotopaquarien ermöglichen neben der Pflege besonderer Fischarten manchmal auf deren Nachzucht.

Infolge des außergewöhnlichen Fortpflanzungsverhalten vieler Fischarten spielen Schwimmpflanzen eine große Rolle bei der Auswahl der Aquarienpflanzen.

Auch kleine Aquarien lassen sich mit Pflanzen dekorativ und vor allen Dingen dauerhaft gestalten.

pteris thalictroides) an. In den Bodengrund eingepflanzt, bildet er sowohl submers wie auch auf der Wasseroberfläche eine feine und dichte Vegetation. Wird er als Schwimmpflanze verwendet, finden Weibchen und Jungfische zwischen den herabhängenden Wurzeln Schutz. Auch der feinfiedrige Sumpffreund (Limnophila) bietet den Tieren gute Rückzugsmöglichkeiten. Weiterhin können verschiedene Arten von Wasserkelchen (Cryptocoryne) für die Vervollständigung der Bepflanzung verwendet werden.

Kleine Aquarien dekorativ und biologisch sinnvoll bepflanzen

Aquarientyp K
Beckengröße:
60 cm (L) x 30 cm (T) x 35 cm (H), 60 Liter Inhalt
Hintergrund:
Hydrocotyle leucocephala, Brasilianischer Wassernabel, 1 Bund
Hygrophila polysperma, Indischer Wasserfreund, 1 Bund
Vallisneria americana var. *americana*,
Amerikanische Sumpfschraube, 1 Bund

71

Echinodorus bolivianus eignet sich sehr gut für die Vordergrundbepflanzung.

Mittelgrund:
Echinodorus parviflorus, Schwarze Schwertpflanze, 1 Solitärpflanze
Vordergrund:
Echinodorus tenellus, Zwerg-Schwertpflanze, 2 Töpfe
oder *Echinodorus bolivianus*, 2 Töpfe

Kleinere Aquarien mit weniger als 100 Liter Inhalt gehören zu den ständigen Sonderangeboten des Fachhandels und werden gerade von Einsteigern als Komplettanlage gekauft. Aufgrund des geringen Kaufpreises fällt das technische Zubehör meist sehr einfach aus, was den Käufer aber zunächst wenig stört. Leider stellt der Anfänger erst nach dem Auftreten der ersten ernsthaften Probleme fest, dass gerade kleinere Aquarien mit ihrem geringen Wasservolumen in Bezug auf Wasserqualität und Lebensbedingungen eher instabil sind.

Deshalb wäre es ratsam, ein neues Aquarium immer so groß wie nur möglich zu wählen, da durch das größere Wasservolumen die typischen Anfangsfehler gemildert werden. Um aber auch mit

Der »Biofilter« Aquarienpflanze ist in der Lage, den geringen Aquarien-technik-Einsatz aus-zugleichen.

Für eine lückenlose Nährstoffversorgung der Pflanzen ist es auch in kleineren Aquarien erforder-lich, durch eine umsichtige Düngung alle Nährstoffe und Spurenelemente zur Verfügung zu stellen.

diesen Einsteigersets einen dauerhaften Erfolg in der Pflege von Fischen und Aquarienpflanzen erzielen zu können, ist es wichtig, einige Grundsätze zu beachten. Wichtigster Schritt für die Gestaltung dieses kleinen Unterwassergartens ist eine gründliche Planung der Einrichtung und des Besatzes, um die geringe Stabilität des Wasserkörpers nicht zu gefährden. Dabei kann der »Biofilter« Aquarienpflanze besonders gute Dienste leisten. Wie schon beschrieben, entziehen wachsende Aquarienpflanzen dem Wasser kontinuierlich Stoffe, die in erhöhter Konzentration auf Dauer das Aquariummilieu schädigen könnten. Deshalb ist es ratsam, einer geeigneten Bepflanzung besondere Aufmerksamkeit zu widmen, denn das ist der Schlüssel zum Erfolg.

Infolge der einfachen Technik fällt meist auch die Beleuchtung äußerst schwach aus. Eine Gratulation dem, der sich für eine Beleuchtung mit zwei Leuchtstofflampen entschieden hat, denn das Licht ist die treibende Kraft des Pflanzenwachstums. Eine höhere Beleuchtungsstärke vergrößert daher auch die Auswahl der Aquarienpflanzen. Um den schon geringen Platz nicht zu verschwenden, sollte man keine großen Wurzeln oder Steine als Dekoration verwenden, sondern sich vielmehr auf kleinere und einheitliche Materialien zu beschränken. Bei der Auswahl der Pflanzen sollte man es vermeiden, ausschließlich langsam wachsende oder buntblättrige Arten zu verwenden, da diese aufgrund ihrer schwächeren Photosyntheseleistung keine große »Filterwirkung« haben. Wie bei allen anderen Varianten der Pflanzenaquarien ist es auch hier selbstverständlich, dass alle benötigten Grund- und Hauptnährstoffe sowie Spurenelemente in ausreichender Menge vorhanden sind.

Nach vollendeter Einrichtung sollte der frischgebackene Unterwassergärtner den Pflanzen ruhig einige Tage Zeit lassen, sich den neuen Bedingungen anzupassen, bevor er mit dem Fischbesatz beginnt. Das Geheimnis des Erfolges liegt bei diesem Aquarientyp im geplanten und dem Wasservolumen angepassten Fischbestand. Empfehlenswert ist ein möglichst geringer Besatz, der mit seinen Stoffwechselprodukten die Stabilität des geringen Wasserkörpers nicht gefährdet. Auch hier gilt die goldene Regel: »Weniger ist oft mehr«.

Richtiger Umgang mit den Pflanzen

Für eine dauerhafte und erfolgreiche Pflege eines schönen Pflanzenaquariums ist neben den erforderlichen Kulturvoraussetzung der richtige Umgang mit den Pflanzen von großer Bedeutung. Bei guter Pflege gelingt bei vielen Arten auch die Vermehrung.

Das Einpflanzen

Aquarienpflanzen sind aufgrund ihrer Struktur zum Teil recht empfindlich und verlangen daher besondere Sorgfalt. Die Pflanzung ist in keiner Weise mit der von Landpflanzen vergleichbar. Bei Landpflanzen werden zuvor alle Wurzeln leicht zurückgeschnitten, um eine Kallusbildung (Wundverschluss) mit anschließender Neuwurzelbildung zu erreichen. Wird jedoch eine Aquarienpflanze neu gepflanzt, kann man von vornherein alle Wurzeln soweit einkürzen, dass sie der Pflanze nur noch vorübergehend einen Halt im Bodengrund geben. Aquarienpflanzen sind nicht in der Lage, ihre alten Wurzeln erneut zu nutzen und stoßen sie aus diesem Grunde vollständig ab. Um Fäulnisprozesse im Bodengrund zu vermeiden, sollten vor allem die Wurzeln aller grundständigen Aquarienpflanzen soweit wie möglich eingekürzt und ausgedünnt werden.

Es ist den Aquarienpflanzen nicht möglich, ihre Wurzeln erneut zu nutzen. Deshalb müssen die Wurzeln vor der Pflanzung eingekürzt werden, um Fäulnisprozesse im Boden zu vermeiden.

Nach erfolgter Akklimatisierung bildet die Pflanze zur Sicherung ihres Standortes und zur Aufnahme der benötigten Nährstoffe neue Wurzeln. Werden solche Aquarienpflanzen innerhalb eines kürzeren Zeitraumes erneut umgesetzt, können durch diese erneute Störung Schäden auftreten. Eine Ausnahme bilden hierbei die Stängelpflanzen; sie werden als wurzellose Stecklinge verwendet. Vor der Pflanzung von Stängelpflanzen schneidet man den Kopfsteckling (oberster Teil des Sprosses) mit einer feinen und scharfen Schere auf die gewünschte Länge zu. Von der Schnittstelle aufwärts werden zwei bis drei Blätterpaare behutsam entfernt. Würde der Steckling mit Blättern in den Bodengrund gesteckt, könnten durch die Blätter Fäulnisprozesse ausgelöst wer-

74

Die Wurzeln der grundständigen Pflanzen dienen bei der Neupflanzung wie ein Anker im Boden, während Stängelpflanzen wurzellos gesetzt werden können.

den. An diesen entblätterten Nodien (Knoten) bilden sich im Bodengrund sehr schnell neue Wurzeln.

Grundvoraussetzung für das Setzen von Aquarienpflanzen ist ein lockerer Bodengrund, der den Pflanzen ein problemloses Einwurzeln garantiert, was besonders bei Nachpflanzungen zu beachten ist. Im Gegensatz zu dem, was man häufig in der Literatur liest, ist ein vorbereitetes Pflanzloch unter Wasser ein Ding der Unmöglichkeit. Stängelpflanzen werden einfach mit Hilfe des Daumens und des Zeigefingers senkrecht in den Boden gesteckt. Der beim Eindringen in den Bodengrund entstehende Druck wird dabei von den Fingern abgehalten, so dass der meist grobporige und empfindliche Stängel geschützt wird. Eine Beschädigung des Stängelfußes kann bei unsachgemäßer Handhabung auch die Ursache von Fäulnisstellen im Bodengrund sein.

Für ein gutes Gedeihen ist ein Abstand von mindestens einem Blattumfang zum nächsten Steckling einzuhalten. Wird der Abstand zu gering gewählt, dann entsteht im unteren Stängelbereich schnell ein Lichtmangel, der zum Absterben der untersten Blätter führt. Bei grundständigen Aquarienpflanzen ist noch eine morphologische »Kleinigkeit« zu beachten. Diese Pflanzen besitzen ein Hypokotyl (Wurzelhals), das den Übergang von der Wurzel zum Spross bildet. Das Hypokotyl sollte nach vollendeter Pflanzung leicht mit Kies bedeckt sein. Wird die Pflanze zu tief gesetzt, kann die Bildung neuer Blätter behindert werden. Wichtigste Regel bei allen Pflanzungen ist jedoch immer, dass alle verwendeten Pflanzen einen Standort erhalten, an dem sie alle Bedingungen vorfinden, die für ein optimales Wachstum notwendig sind.

Schnitt und Pflege der Pflanzen

Ein Pflanzenaquarium mit einem gesunden und gut wachsenden Pflanzenbestand gehört zu den größten Zierden der Süßwasseraquaristik. Um die Schönheit dieses Unterwassergartens zu erhal-

75

Anders als in der Natur

Natürliche Biotope zeichnen sich häufig durch eine geringe Artenvielfalt aus. Das angestrebte Ziel ist jedoch, eine möglichst abwechslungsreiche Bepflanzung zu pflegen und dauerhaft zu erhalten. Aus diesem Grunde ist es unumgänglich, die Aquarienpflanzen in regelmäßigen Abständen einzukürzen, auszulichten oder zu entnehmen.

ten, ist es notwendig, den Pflanzenbestand in regelmäßigen Abständen etwas zu dezimieren. Am natürlichen Standort reguliert sich die Pflanzendichte durch den Einfluss von Licht und Schatten, Regenzeit und Trockenzeit sowie durch natürliche »Feinde«. Im Aquarium dagegen herrschen eher konstante Lebensbedingungen, und einen Pflanzenfresser brauchen die Pflanzen in der Regel auch nicht zu fürchten. Das Hauptbestreben aller Pflanzen im Aquarium ist eine möglichst gute Nutzung des Lichtes. Hierbei entsteht oft ein wahrer Wettkampf um die besten Plätze.

Nur durch eine regelmäßige Pflege aller Pflanzen hat die unnatürliche Artenvielfalt eines Aquariums auf Dauer Bestand.

Würde man die kultivierten Pflanzen sich selber überlassen, dann käme es relativ schnell zu einer »natürlichen Auslese« unter den Pflanzen. Schnell wachsende Sprosspflanzen erobern bald die bevorzugten lichtstarken Bereiche und fangen mit ihrem Blattwerk die größten Lichtmengen ab. Aufgrund des entstehenden Lichtmangels in den tieferen Wasserbereichen kommt es zu Behinderungen in der Photosynthese aller anderen lichtbedürftigten Pflanzen, wodurch sich nach und nach die Artenvielfalt verringert. Den Kampf ums Dasein gewinnt meistens die Pflanze, die am jeweiligen Standort die besseren Bedingungen vorfindet und sie auch nutzen kann.

Der Hauptanteil der erforderlichen Pflege- und Schneidearbeiten entfällt daher, wie sollte es auch anders sein, auf die zum Teil sehr schnell wachsenden Stängelpflanzen. Erreichen sie die Wasseroberfläche, wird es Zeit, sie zu kürzen. Es ist sicher möglich, einen Großteil der Stängelpflanzen mit einer Schere zu kappen und die im Boden verblieben Stängel wieder seitlich austreiben zu lassen. Diese Schnitttechnik führt jedoch zu einer Veralterung des Pflanzenbestandes. Alte Triebe verkahlen zusehends und wirken dadurch optisch unschön.

Bei Stängelpflanzen sollte man die Kopf- und Seitenstecklinge weiterverwenden.

Besser ist es, Stängelpflanzen komplett mit Wurzeln aus dem Bodengrund zu entnehmen und lediglich ihre Kopf- und Seitenstecklinge weiterzuverwenden. Beim Schneiden der Stecklinge sollte man darauf achten, dass sie nicht zu kurz werden, denn

76

Vallisnerien pflanzen sich sehr schnell durch die Bildung von Ausläufern fort.

beim Neusetzen werden mindestens zwei Nodien für ein sicheres Anwachsen benötigt.

Wesentlich pflegeleichter sind solitäre Rosettenpflanzen. Werden sie zu wuchtig, dann kann einfach ihr äußerer Blätterkranz entfernt werden. Ausläufer bildende Pflanzen (etwa Vallisnerien) geraten schnell in Bereiche, wo sie entweder vorhandene Pflanzen mit ihrem Wachstum bedrängen oder den optischen Gesamteindruck stören. Die Ausläufer können, so lange sie klein und wenig verwurzelt sind, einfach aus dem Bodengrund entnommen und mit einer Schere von der Mutterpflanze getrennt werden. Durch die Bildung von Ausläufern können auch Behinderungen im eigenen Pflanzbereich auftreten. Infolge des engen Abstandes zur Nachbarpflanze kommt es rasch zu einem Lichtmangel mit einem gleichzeitigen Verglasen der Blätter. Bei derart verfilzten Beständen ist es ratsam, die ganze Gruppe aus dem Boden zu entnehmen und mit mittelstarken Pflanzen eine neue Pflanzgruppe aufzubauen.

Auch die Schwimmpflanzen benötigen eine regelmäßige Reduzierung im Bestand, da sie sonst die gesamte Wasseroberfläche bedecken und das Licht gehindert wird, in tiefere Wasserzonen vorzudringen. Um auch den submersen Aquarienpflanzen genügend Licht zu gönnen, sollten die Schwimmpflanzen nicht mehr als ein Drittel der Wasseroberfläche einnehmen.

Die Vermehrung der Pflanzen

Aquarienpflanzen haben oft einen relativ hohen Preis, der den Aquarianer zu einem eher sparsamen Kauf verleitet. Um nun aber aus diesen wenigen Exemplaren langfristig eine dekorative größere oder dichtere Pflanzgruppe zu erhalten, ist es möglich, die Pflanzen zu vermehren. Die Voraussetzung für eine erfolgreiche Vermehrung ist jedoch die Beachtung aller Kulturansprüche, denn nur von einem gesunden und gut wachsenden Pflanzenbestand kann geerntet werden. Hierbei unterscheidet man zwischen der vegetativen und generativen Vermehrung.

Fast alle Aquarienpflanzen lassen sich vegetativ vermehren.

Eine Adventivpflanzenbildung lässt sich sehr gut an Blütentrieben der beliebten Schwertpflanzen beobachten.

Die natürliche vegetative Vermehrung

Die ungeschlechtliche oder vegetative Vermehrung gehört zu der einfachsten und häufigsten Vermehrungsform im Aquarium. Hierbei findet keine Befruchtung statt, und man erhält deshalb von den Stamm- oder Mutterpflanzen genetisch identische Jungpflanzen. Auch hier unterscheidet man zwei Vermehrungsformen: die natürliche und die künstliche vegetative Vermehrung. Bei der natürlichen vegetativen Vermehrung hat der Aquarianer den geringsten Aufwand, denn die Aquarienpflanzen bilden selbstständig Jungpflanzen durch Ausläufer oder Adventivpflanzen.

Oberirdische Ausläufer werden häufig von grundständigen, bandförmigen Rosettenpflanzen gebildet, wozu die beliebten grasartigen Schwertpflanzen (etwa die Zwerg-Schwertpflanze, *Echinodorus tenellus*), Pfeilkräuter (*Sagittaria*) und die Sumpfschrauben (*Vallisneria*) zählen. Hier bildet die Mutterpflanze einen über den Bodengrund wachsenden Seitenspross, an dessen Spitze sich eine Jungpflanze entwickelt. Sobald diese Jungpflanze groß genug ist, wurzelt sie sich selbstständig im Bodengrund ein. Von dieser Jungpflanze ausgehend, die weiterhin in Verbindung mit der Mutterpflanze steht, entwickelt sich der Seitenspross weiter und bildet immer wieder neue Jungpflanzen. Innerhalb kürzester Zeit bilden sich so regelrechte Pflanzenketten, die schnell weite Bereiche im Aquarium erobern können.

Einige Aquarienpflanzen, etwa die Wasserkelche (*Cryptocoryne*) bilden auch **unterirdische Ausläufer**, die sich von der Mutterpflanze ausgehend in alle Himmelsrichtungen entwickeln können. Aufgrund der konstanten Verbindung durch den Seitenspross zur Mutterpflanze werden die Jungpflanzen noch lange mit allen erforderlichen Nährstoffen versorgt, wodurch rasch kräftige Pflanzenbestände heranwachsen.

Eine weitere Form der natürlichen vegetativen Vermehrung ist die Bildung von **Adventivpflanzen**. Diese Jungpflanzen entstehen aus dem Dauergewebe der Stammpflanzen. Aus dem sekundären Dauergewebe entsteht stellenweise wieder erneut ein primäres Bildungsgewebe, das zellteilungsfähig ist und somit wachsen kann. An einigen Farnarten, beispielsweise

Durch die Bildung
von Ausläufern bildet
Cryptocoryne x *willisii*
im Vordergrund
dichte Bestände.

dem Javafarn (*Microsorum*), bilden sich die Adventivpflanzen auch aus dem Blattgewebe. Sie können bei entsprechender Größe regelrecht vom Blatt der Stammpflanze abgepflückt und problemlos neu eingesetzt werden.

Adventivpflanzen können sich auch an einem Blütentrieb entwickeln. Der Blütentrieb dient eigentlich zur generativen Vermehrung und wächst meist vom Gewässergrund empor zur Wasseroberfläche. Werden diese Triebe aber daran gehindert, aus dem Wasser zu wachsen, dann bilden sich daran meist Adventivpflanzen. Diese Form einer Adventivpflanzenbildung ist besonders gut bei den Schwertpflanzen (*Echinodorus*) zu beobachten. Aufgrund des Kontaktes zur Mutterpflanze entwickeln sich die Adventivpflanzen schnell zu stattlichen Gewächsen. Sie können je nach Art, bei ausreichender Wurzel- und Blattbildung (mindestens acht Blätter) einfach mit einer Schere vom Blütentrieb getrennt und neu gepflanzt werden.

Bei empfindlicheren Arten ist es empfehlenswert, den Blütentrieb mit Pflanzklammern am Bodengrund zu fixieren und den Adventivpflanzen die Gelegenheit zu geben, im Boden einzuwur-

Um sich geschlecht-
lich zu vermehren,
bilden Pflanzen Blü-
ten. Eine Blütenbil-
dung im Aquarium
erfolgt sehr häufig
bei den Wasserähren
aus der Gattung
Aponogeton.

zeln. Sind sie fest angewachsen, können sie von der Mutterpflanze getrennt werden. Man sollte es jedoch vermeiden, jeden sich bildenen Blütentrieb wachsen zu lassen, denn das könnte zu einer Schwächung der Mutterpflanze führen. Diese Schwächung zeigt sich an einem verkleinerten Wuchs oder in Form von Chlorosen (Mangelerscheinungen mit gelber Verfärbung) im Gewebe des Blattes.

Die künstliche vegetative Vermehrung
Bei dieser Vermehrungsform können durch eine gezielte Schnitttechnik Teile von Pflanzen entnommen und als Steckling verwendet werden. Hierfür eignen sich besonders die Stängelpflanzen, die aber je nach Wuchsform unterschiedlich »geerntet« werden sollten.

Auf der Wasseroberfläche flutende Stängelpflanzen sind meistens dünnstängelig und wachsen sehr schnell. Stimuliert durch das erhöhte Lichtangebot an der Wasseroberfläche, verzweigt sich der Spross stärker. Will man nun diese Seitensprosse als Stecklinge ernten, ist es ratsam, die Pflanze komplett aus dem Bodengrund zu entnehmen und dann in Kopf- und Seitenstecklinge aufzuteilen. Die unteren Sprossabschnitte sind für eine erneute Sprossbildung unbrauchbar und sollten nicht mehr verwendet werden.

Stängelpflanzen, die einen steifen und kräftigen Spross besitzen, wachsen meist beim Erreichen der Wasseroberfläche aus dem Wasser heraus und bilden dort ein emerses Blattwerk. Diese Blätter haben oft eine andere Struktur und Form als die submers gewachsenen. Um diese Veränderung zu vermeiden, ist es sinnvoll, den submersen Spross vor Erreichen der Wasseroberfläche zu kürzen. Der abgetrennte oberste Abschnitt des Sprosses, der sogenannte Kopfsteckling, sollte eine Länge von etwa 15 cm aufweisen, um ein sicheres Anwachsen zu gewährleisten. Aus dem im Bodengrund verbliebenen Sprossabschnitt treiben bald neue Sprossspitzen aus den Blattachseln hervor, die bei entsprechender Wuchslänge als Seitensteckling abgenommen werden könnnen.

Nach der Entnahme des Stecklings kann nun der verbliebene Spross entfernt werden, denn aufgrund seines Alters beginnt er zu verkahlen und wird dadurch allmählich unansehnlich. Weiterhin ist es auch möglich, Stecklinge aus Sprossabschnitten heranzuziehen. Jedoch beansprucht diese Vermehrungsform einen höheren Zeitaufwand, da die Teilabschnitte des Sprosses sich erst verwurzeln müssen.

Die generative Vermehrung

Im Gegensatz zur vegetativen Vermehrung handelt es sich bei der generativen um einen geschlechtlichen Vorgang, bei dem als Endprodukt genetisch veränderte Jungpflanzen entstehen. Die Pflanze bildet außerhalb des Wassers Blüten, die am natürlichen Standort durch Insekten oder den Wind bestäubt und befruchtet werden. Selbstbefruchtung ist bei manchen Arten ebenfalls möglich. Dank der guten vegetativen Vermehrungsmöglichkeiten bei fast allen Aquarienpflanzen ist eine Vermehrung über Samen meist nicht erforderlich.

Eine Ausnahme bilden, wie bereits anfangs erwähnt, die Wasserähren (*Aponogeton*), die bis auf wenige Ausnahmen nicht vegetativ vermehrt werden können. Die grundständige Wasserähre bildet je nach Art etwa alle zwei Wochen einen Blütenstand aus, der binnen weniger Tage zur Wasseroberfläche strebt und seine Blüte außerhalb des Wassers durch Abwerfen der Deckblätter öffnet.

Die einhäusige Blütenähre, die männliche und weibliche Geschlechtsorgane beinhaltet, ist mit ihren vielen Einzelblüten nun bestäubungsfähig und kann vom Aquarianer künstlich bestäubt werden. Für eine erfolgreiche Befruchtung der weiblichen Narbe mit dem männlichen Pollen verwendet man am besten einen Feinhaarpinsel, mit dem man die Blütenähre von oben nach unten abtupft. Um ein zufrieden stellendes Bestäubungsergebnis zu erzielen, ist vorteilhaft, diesen Vorgang an den zwei darauf folgenden Tagen zu wiederholen. Nach erfolgter Fruchtbildung werden die *Aponogeton*-Samen freigegeben, die dann auf der Wasseroberfläche schwimmen. Nach der Keimung sinken die Jungpflanzen zu Boden, wo sie wurzeln und zu stattlichen Exemplaren heranwachsen können.

Werden Blüten erfolgreich bestäubt, dann bilden sich alsbald die ersten Früchte. Die der Schwertpflanzen gaben den Pflanzen ihren Namen (*Echinodorus*: Echi = Igel).

Bösewicht Alge

Selbst im gründlichst gepflegten Aquarium existieren Algen.

Das »Schreckgespenst« eines jeden Pflanzenaquarianers sind die Algen. Das Vorhandensein von Algen ist weitgehend unabhängig von der Besetzung mit Fischen und Pflanzen sowie dem Gesamtzustand des Aquariums. Algensporen und eventuell ein geringes Auftreten von Grünalgen sind selbst bei gründlichster Pflege nicht zu vermeiden und müssen vom Aquarianer toleriert werden.

Entwickeln sich bestimmte Algenarten rapide und nimmt ihre Anzahl so zu, dass Schädigungen am Pflanzenbestand zu befürchten sind, dann sollte man dies als ein Alarmsignal werten. Verschiedene Algenarten können sich oftmals je nach Art über die gesamte Einrichtung ausbreiten. Um dieser Plage Herr zu werden, ist es nötig, die Algen zu bestimmen, um dann nach der Ursache ihres Auftretens zu suchen.

Grünalgen

Grünalgen sind zwar ein Indikator für eine gute Wasserqualität – dennoch möchte man sie nicht im Aquarium haben.

Grünalgen gehören zu den eher harmlosen Algenarten im Aquarium und stehen von ihrer Organisationsform her den Aquarienpflanzen sehr nahe. Sie sind zwar ein Indikator für eine gute Wasserqualität, trotzdem aber ein unerwünschter Gast, wenn sie sich im Aquarium ausbreiten. Mit ihren faden-, punkt- oder pelzartigen Wuchsformen überziehen sie bei idealen Bedingungen schnell die Einrichtung samt Pflanzenwuchs.

Das Auftreten der Grünalgen ist oft auf eine unkontrollierte und zu hohe Zugabe eines flüssigen Pflanzendüngers zurückzuführen, der dann von den Aquarienpflanzen nicht komplett verwertet werden kann. Die Gunst der Stunde nutzen nun die Grünalgen, die dank der reichlichen Nährstoffzugaben optimale Wachstumsbedingungen vorfinden. Außer durch richtige Dosierung der Düngergaben lassen sich die **Fadenalgen** auch mechanisch relativ leicht entfernen, da sie keinen sehr festen Kontakt zum Untergrund besitzen. Die **Pelzalgen** dienen Algen verzehrenden Tieren als Nahrung und verschwinden bei einer geringeren Nährstoffkonzentration meist wieder von alleine.

82

Die hier rasenartig wachsenden Grünalgen treten in diesem Fall gemeinsam mit schwärzlich wirkenden Rotalgen auf.

Eine weitere Ursache für das Auftreten von Grünalgen kann auch in der Bestrahlung mit direktem Sonnenlicht zu finden sein. In einem natürlichen Gewässer dringen die Lichtstrahlen durch die Wasseroberfläche ein und werden schon durch eine wenige Zentimeter starke Wasserschicht gefiltert. Hierbei verändert sich das Lichtspektrum. Beim Aquarium trifft das Sonnenlicht aber direkt auf die Seitenscheiben. Dieses reine Sonnenlicht bietet den Grünalgen hervorragende Wachstumsbedingungen. Empfehlenswert ist daher die Aufstellung des Aquariums an einem von Sonnenstrahlen abgewandten Standort, wobei besonders die Nähe von Fenstern vermieden werden sollte.

Eine besondere Form von Grünalgen im Aquarium ist die **Grüne Schwebealge** aus der Gattung *Volvox*. Hierbei handelt es sich um Einzeller, die durch ihr Erscheinen innerhalb von zwei bis drei Tagen eine grünliche und undurchsichtige Wasserfärbung verursachen. Diesen Vorgang nennt man auch Wasserblüte; man kann ihn regelmäßig im Frühjahr im Gartenteich beobachten. Ein nähr- und sauerstoffreiches Wassermilieu fördert die explosionsartige Massenvermehrung, und eine intensive Beleuchtung trägt ihren Teil dazu bei. Eine Einschleppung dieser mikroskopisch kleinen Algen findet häufig im Frühjahr statt, wenn die Schwebealgen mit selbstgefangenem Lebendfutter in das Aquariumwasser gelangen.

83

Zur Klärung dieser trüben »Brühe« ist es zwecklos, einen größeren Wasserwechsel durchzuführen, da sich die Population im Restwasser schnell wieder zur alten Bestandsgröße entwickelt. Empfehlenswerter ist es, sie mit natürlichen Mitteln zu bekämpfen. Der Wasserfloh (*Daphnia*) ist ein reiner Vegetarier und zugleich der natürliche Feind der Schwebealge. Um diesen Nützling wirkungsvoll einzusetzen, ohne dass er auf dem Speiseplan der Fische landet oder vom Filter angesaugt wird, bewährt sich der Einsatz eines feinmaschigen Netzablaichkastens für Fische. Bringt man den Kasten an einem Standort mit guter Strömung an, fördert man die schnelle Klärung des getrübten Wassers. Neben dem Effekt der Wasserklärung stellt dieser »Nützlingseinsatz« eine bequeme Methode der vorübergehenden Futtertierzucht dar.

Wasserflöhe filtrieren die einzelligen Schwebealgen aus dem Wasser.

Kieselalgen

Aufgrund ihres schmierigen braunen Aussehens zählen die Kieselalgen zu den besonders unästhetischen Algen im Aquarium. Sie werden oft auch fälschlich als »Braunalgen« bezeichnet. Die Ursache ihres Auftretens ist meist auf eine geringe Beleuchtung und auf zu hartes Wasser zurückzuführen. Besonders in neu eingerichteten Aquarien mit einer ausschließlichen Verwendung von frischem und hartem Leitungswasser (ab 10 °dKH) kann es zu einem vermehrten Auftreten von Kieselalgen kommen.

Die Algen benötigen für ihr Wachstum eine entsprechende Konzentration an Kieselsäure, die sich in jedem harten Leitungswasser befindet (in Köln etwa 12,9 mg/l). Es empfiehlt sich also, bei einer Erstbefüllung Altwasser aus einem anderen Aquarium zu verwenden oder das Leitungswasser mit entmineralisiertem Wasser zu »verdünnen«. Bei einer Reduzierung aller Härtebildner im Aquariumwasser und einer eventuellen Erhöhung der Beleuchtungsstärke lösen sich Kieselalgen nach kurzer Zeit fast von alleine wieder auf.

Die Kieselsäure im harten Leitungswasser fördert das Wachstum der Kieselalgen.

Blaualgen

Blaualgen gehören eigentlich zu den Bakterien; der Name »Cyanobakterien« ist die korrekte Bezeichnung. Sie stellen die gefährlichste und unansehnlichste Algenform im Aquarium dar und entwickeln sich häufig bei schlechten Wasserwerten. Die blaugrünen, nicht fest sitzenden, schleimigen Algen treten häufig in der instabilen Einfahrphase des Aquariums auf, in der aufgrund fehlender

Oben: Blaualgen sind die für ein Aquariummilieu gefährlichsten Algen.

Unten: Nährstoffhaltige Untergründe fördern das Auftreten von Grünen Schmieralgen.

nitrifizierender Bakterien erhöhte Nitrit- und Nitratwerte im Aquariumwasser vorliegen.

Der Algenbelag kann bei einem stärkeren Befall die Aquarieneinrichtung komplett wie ein Leichentuch überziehen, wodurch sich die Lebensbedingungen der Fische und Pflanzen drastisch verschlechtern. Aufgrund des rasanten, einer Epidemie ähnlichen Wachstums werden die Aquarienpflanzen derartig nachhaltig in ihrer Photosynthese gestört, dass ein »Umkippen« des Aquariummilieus in kürzester Zeit befürchtet werden muss. Wichtigste Maßnahme beim ersten Anzeichen eines Blaualgenbefalls ist das Absaugen des Algenbelages mit Hilfe eines kleinen Schlauches und eine dauerhafte Verbesserung der Wasserqualität.

Zu den äußerst unästhetischen Algen zählt die **Grüne Schmieralge**. Mit ihren grünen und schmierigen Fäden verklebt sie rasch nährstoffhaltige Untergründe, die meistens bei einer zu gut gemeinten Fütterung der Fische mit Flockenfutter entstanden sind. Wird das Futter jedoch durch die Wasserströmung in feinfiedrige Pflanzen gedrückt, bildet sich auch hier schnell ein Bestand von Schmieralgen. Zum Glück lassen sich diese Algenfelder aufgrund ihres lockeren Kontaktes zum Substrat relativ leicht mit einem Luftschlauch absaugen. Um das Auftreten dieser Alge zu vermeiden, sollte man während der Fütterung die Umwälzung des Wasser kurzfristig ausschalten und lieber häufiger, aber dafür sparsamer füttern.

Rotalgen

Die Rotalgen gehören zu den hartnäckigsten und gefürchtesten Algen in der Süßwasseraquaristik. Häufigste Ursache dieses schwarzgrünen (!) pinsel-, büschel- oder bartförmigen Algenbefalls ist ein ständig erhöhter Nitratwert mit einem gleichzeitigen Mangel an im Wasser gelösten Kohlendioxid. Ihre Rotfärbung zeigen die Algen nur dann, wenn sie für botanische Zwecke in Spiri-

tus eingelegt werden. Aufgrund des starken Festsitzens der Algen auf den Aquarienpflanzen ist eine Entfernung nur durch Entnahme der befallenen Blätter möglich. Eine Reduzierung des eventuell zu hohen Fischbesatzes, eine regelmäßige und nicht zu reichliche Fütterung sowie eine Bepflanzung mit stark wachsenden, Nitrat zehrenden Wasserpflanzen führen zu einer Verbesserung der Wasserqualität und einem Rückgang der Algen.

Zu hohe Nitratwerte lassen die gefürchteten Rotalgen besonders gut gedeihen.

Risikofaktor Neueinrichtung

In jedem Aquarium findet ein permanenter »Machtkampf« um das Dasein zwischen den Algen und den Aquarienpflanzen statt. Besonders dramatisch wird dieser Existenzkampf in neu eingerichteten Becken, in denen frisch eingesetzte Aquarienpflanzen durch Rückschnitt oder Entfernung der Wurzeln (Stängelpflanzen) stark in der Assimilation behindert sind. Da die Aufnahme von Nährstoffen nun gestört ist, erhöht sich kontinuierlich der Nitratwert im Wasser. Diese frei verfügbaren Nährstoffe sind nun ein »gefundenes Fressen« für alle Algen und werden sofort in Algenmasse umgesetzt.

Das Risiko eines Algenbefalles ist in einem neu eingerichteten Aquarium am größten.

Bei der Erstbepflanzung eines Aquariums ist besonders darauf zu achten, dass eine ausreichende Anzahl an schnell wachsenden und dadurch stark asssimilierenden Gewächsen verwendet wird, die vom Beginn an eine Nahrungskonkurrenz zu den Algen darstellen. Zu diesem Zweck eignen sich reine Wasserpflanzen wie Hornkraut (*Ceratophyllum*) besonders gut, da sie genau wie die Algen alle verfügbaren Nährstoffe sofort in Blattmasse umsetzen. Nun kann der Unterwassergärtner allmählich den Bestand an Aquarienpflanzen erweitern und zu einer weiteren Stabilität eines pflanzenfreundlichen Milieus beitragen.

Vorbeugende Algenbekämpfung

Neben den schon erwähnten pflanzenfreundlichen Kulturbedingungen versprechen vorbeugende Maßnahmen gegen Algen auf längere Sicht mehr Erfolg als eine akute Algenbekämpfung. Der Fachhandel bietet sowohl vorbeugende als auch Bekämpfungsmittel an.

Zuviel Fisch-futter schadet Fischen und Pflanzen	Die tägliche Fütterung der Fische gehört zu den »Highlights« in der Pflege eines Aquariums, denn hierbei gibt es immer viel zu beobachten. Hier ist jedoch auch eine Ursache für das Auftreten unerwünschter Algen zu entdecken. Durch zu häufiges Füttern in zu großen Mengen kann sich das Wassermilieu schnell verschlechtern. Mit den erhöhten Ausscheidungen der Tiere und den eventuell nicht verzehrten Futtergaben steigt der Nitratgehalt erheblich an. Weiterhin werden Algen verzehrende Tiere von ihrer Tätigkeit abgehalten, denn Fischfutter ziehen diese Tiere den Algen vor. Meinen Fischen mute ich ein- bis zweimal in der Woche einen Fastentag zu, und die restlichen Fütterungen sind so sparsam dosiert, dass nach wenigen Minuten alles verzehrt ist. Das Ergebnis sind aktive Fische, die bei jeder Fütterung flink hinter jedem Futterbrocken her schwimmen sowie ein verminderter Algenwuchs aufgrund der geringeren Wasserbelastung.

Die Mittel zur akuten Algenbekämpfung sind meistens »**Chemische Keulen**«, die gleichzeitig den erwünschten Pflanzenwuchs behindern oder sogar schädigen. Meiner Meinung nach bekämpfen diese Präparate bestenfalls die Symptome des Algenbefalls, nicht jedoch die eigentliche Ursache.

Vorbeugende Präparate gegen den Algenwuchs funktionieren oft nach dem Prinzip der Ansäuerung des Aquarienwassers durch organische Säuren, etwa **Huminsäuren**. Beispielsweise verwendet man auch in der Wasserpflanzengärtnerei Paul Kloecker seit Jahrzehnten Huminsäuren zur Vorbeugung und Bekämpfung von Algen. Durch ein mehrtägiges Einlegen von Schwarztorf in Wasser entsteht ein tee- bis kaffeefarbener Torfsud. Mit Hilfe einer mechanischen Filterung wird dieser Sud von allen Feinteilen befreit und danach dem Aquariumwasser beigefügt. Bei der Zugabe dieser Lösung sollte man jedoch den pH-Wert im Auge behalten, weil Huminsäuren den pH-Wert auf natürliche Weise absenken. So entsteht ein algenungünstiger und somit pflanzenfreundlicher pH-Wert von 6,5 bis 7,5. Um die Wirkung zu erhalten, sollte man nach jedem Wasserwechsel diesen Torfsud nachdosieren.

Als eine weitere Maßnahme gegen einen Algenbefall ist auch die **Filterung über Torf** möglich. Diese Methode ist vergleichbar mit der Zugabe von Torfsud, hat aber noch den Vorteil, dass die Torfsubstanz als Puffer wirkt und das Abgleiten in extreme pH-Werte verhindert. Ein mit Schwarztorf befüllter Filternetzbeutel

Lieber eine biologische Prophylaxe als eine chemische Behandlung.

87

wird zwischen die Filtermedien eines Topffilters deponiert, wodurch mit dem Filterwassers kontinuierlich die vom Torf gelösten Huminsäuren an das Wasser abgegeben werden. Die Torfmenge im Filter ist abhängig von dem Gesamtwasservolumen des Aquariums und natürlich auch vom Fisch- und Pflanzenbestand.

Auch die durch den Torf veränderte Wasserfärbung hemmt den Algenwuchs.

In meinen Aquarien verwende ich durchschnittlich etwa 150 ml Torf auf 100 Liter Aquariumwasser. Anfänglich ist die Löslichkeit von Huminsäuren aus dem Torf sehr hoch; sie nimmt jedoch nach einigen Tagen langsam ab. Nach etwa drei bis vier Wochen ist der Huminsäuregehalt (bei regelmäßigem Wasserwechsel) erschöpft, so dass der Torf durch neuen ersetzt werden muss. Neben der Ansäuerung führt die Zugabe des Torfes auch zu einer bernsteinfarbigen Tönung des Wassers, dem sogenannten Schwarzwassereffekt, der eine Veränderung der spektralen Lichtzusammensetzung zur Folge hat. Infolge dieser leichten Färbung wird besonders das blaue und ultraviolette Licht weitgehend zurückgehalten, was ein unerwünschtes Algenwachstum hemmt.

»Lichtlöcher« als Algenhemmer

Aquarienpflanzen aus den tropischen Zonen leben aufgrund der regelmäßigen Tropengewitter in einem ständigen Wechselspiel aus Licht und Schatten. Höher entwickelte Pflanzen verlangsamen bei diesem vorübergehenden Lichtmangel ihre Stoffwechselprozesse, ohne Schaden zu nehmen. Algen werden jedoch durch diese Dunkelphasen in ihren Wachstumsprozessen gestört, wodurch das Algenwachstum negativ beeinflusst wird. Diese den Algenwuchs hemmenden »Lichtlöcher« können leicht mit einer per Zeitschaltuhr gesteuerten Beleuchtungsanlage eingestellt werden.

Eine tägliche Beleuchtungspause lässt Aquarienpflanzen ruhen und Algen verschwinden.

Eine optimale Wirkung erzielt man mit einer morgendlichen fünfstündigen Beleuchtung, einer dreistündigen Dunkelphase während der Mittagsstunden sowie einer nachfolgenden etwa siebenstündigen Beleuchtungsphase. Um die auf »Sparflamme« laufende Photosynthese der Aquarienpflanzen etwas zu unterstützen, ist es von Vorteil, die Dunkelphase in die hellen Mittagsstunden zu legen, um den Einfluss des Sonnenlichtes zu nutzen. In meinem 300 Liter fassenden Pflanzenaquarium, wo in Folge eines leicht erhöhten Fischbestandes regelmäßig unerwünschter Algenwuchs auftrat, konnte durch die tägliche dreistündige Dunkelphase eine Reduzierung des Algenwuchses erreicht werden. Im Gegensatz zu der geläufigen Meinung, dass eine Lichtunterbrechung zu einer Schädigung am Pflanzenbestand führt, konnte ich bis zum heutigen Tag keinerlei Pflanzenwuchsstörungen in diesem Aquarium feststellen.

Ein fleißiger Algen-
vertilger ist der Ohr-
gitterwels.

Algen verzehrende
Süßwassergarnelen
sind durch die japa-
nischen »Naturaqua-
rien« erst richtig
bekannt geworden.

Auch die Rote Post-
hornschnecke kann
gute Dienste leisten.

Harnischwelse sind in einem Pflanzenaquarium nur bedingt einsetzbar, da oftmals auch Aquarienpflanzen auf dem Speiseplan stehen.

Algenbekämpfung durch »Nützlinge«

Im Zierpflanzenbau hat sich der Einsatz von ausgewählten Nützlingen zur Bekämpfung von Schädlingen bewährt. Angelehnt an diese Methode, bietet auch der Aquaristikfachhandel eine Palette an sogenannten Nützlingen für die Algenbekämpfung an.

Als einer der erfolgreichsten Algenvertilger wird sehr häufig die **Siamesische Rüsselbarbe** (*Crossocheilus siamensis*) angeboten, denn sie verzehrt auch die zu den Rotalgen zählenden Bartalgen sowie die lästigen Fadenalgen. Aufgrund ihrer Größe von etwa 15 cm bietet sie sich aber eher für die Besetzung eines größeren Aquariums an. Weiterere besonders fleißige und die Pflanzen schonende Algenvertilger sind die **Ohrgitterwelse** (*Otocinclus*) aus der Familie der Loricariiden (Harnischwelse). Diese bis zu 6 cm klein bleibenden und geselligen Harnischwelse leisten im Aquarium sehr gute Dienste und halten selbst zwischen feingefiederten Blättern der Stängelpflanzen den Algenbelag relativ kurz. Alle anderen Welse aus der Familie Loricariidae eignen sich jedoch eher bedingt für das Kurzhalten des Algenbelages, da auch so manche zartblättrige Wasserpflanze auf dem Speiseplan steht.

Neben den Fischen werden seit wenigen Jahren auch **Süßwassergarnelen** (*Caridina japonica*) zur Algenbekämpfung angeboten. Bekannt geworden durch die japanischen »Naturaquarien«, ziehen diese Gliederfüßer zum wahren Siegeszug in die bepflanzten Aquarien ein. Man sagt ihnen sogar nach, verschiedene Rotalgenarten zu verzehren, die häufig von den bewährten Algenvertilgern gemieden werden. Auch diese Garnelen leben gesellig und können in einem beliebig großen Trupp gepflegt werden. Genau wie die anderen Algenvertilgern sind die Süßwassergarnelen gut zur vorbeugenden Algenbekämpfung geeignet und nicht zur Beseitigung von extremen Algenbelägen, die durch unsachgemäße Pflege entstanden sind.

Auch im Bereich der **Aquarienschnecken** lässt sich Nützliches entdecken. Die optisch sehr ansprechende Rote Posthornschnecke (*Planorbis corneus*) ist in einem bepflanzten Aquarium sehr gut einsetzbar. Man sagt ihr nach, dass sie sogar die schmierigen Blaualgen verzehren würde. Nach meinen Erfahrungen sollte man sich, abhängig von der Beckengröße und dem Pflanzenbestand, auf eine geringere Anzahl von jungen Tieren beschränken. Bei erwachsenen Tieren und zu großen Populationsdichten ist eine Beschädigung des Pflanzenbestandes nicht auszuschließen. Von den vorgestellten Tieren sollte man jedoch keine Wunder erwarten und sie nur zur Unterstützung in ein pflanzenfreundliches Aquarium zu setzen.

Literatur

Berg, B. (1976): Grundwissen des Gärtners, Band 1.
Verlag Eugen Ulmer, Stuttgart.

Dennerle (1992): System für ein problemloses Aquarium. Vinningen.

De Wit, H. C. D. (1990): Aquarienpflanzen. Verlag Eugen Ulmer, Stuttgart.

Greger, B. (1991): Aquarienpflanzen. Franckh-Kosmos Verlag, Stuttgart.

– (1998): Pflanzen im Süßwasseraquarium. Birgit Schmettkamp Verlag, Bornheim.

Horst, K. (1992): Pflanzen im Aquarium. Verlag Eugen Ulmer, Stuttgart.

Kasselmann, C. (1999): Aquarienpflanzen. Verlag Eugen Ulmer, Stuttgart.

Mayland, H. J. (1991): Aquarienpflanzen. Landbuch-Verlag, Hannover.

Paffrath, K. (1978): Bestimmung und Pflege von Aquarienpflanzen. Landbuch-Verlag, Hannover.

Pinter, H. (1998): Handbuch der Aquarienfischzucht. Verlag Eugen Ulmer, Stuttgart.

Scheurmann, I. (1992): Pflanzen fürs Aquarium. Gräfe und Unzer Verlag, München.

Stallknecht, H. (1997): Aquarienfische. Verlag Eugen Ulmer, Stuttgart.

van den Nieuwenhuizen, A. (2000): Aquarienplauderei. D. Aqu. u. Terr. Z. (Datz): 53 (2), 8–13; (3), 20–24.

Register

92

93

94

Bildquellen

Alle Fotos stammen vom Autor. Die Zeichnungen wurden von Frau Kerstin Hess, Stuttgart, nach Vorlagen des Autors angefertigt.

Die Deutsche Bibliothek – CIP-Einheitsaufnahme

Ein Titeldatensatz für diese Publikation ist bei
Der Deutschen Bibliothek erhältlich

ISBN 3-8001-3677-5

Das Werk einschließlich aller seiner Teile ist urheberrechtlich
geschützt. Jede Verwertung außerhalb der engen Grenzen des
Urheberrechtsgesetzes ist ohne Zustimmung des Verlages
unzulässig und strafbar. Das gilt insbesondere für Vervielfältigun-
gen, Übersetzungen, Mikroverfilmungen und die Einspeicherung
und Verarbeitung in elektronischen Systemen.

© 2002 Verlag Eugen Ulmer GmbH & Co.
Wollgrasweg 41,
70599 Stuttgart (Hohenheim)
Internet: www.ulmer.de, www.datz.de
Printed in Germany
Lektorat: Michael Kokoscha, Oberhausen
DTP: Michael Kokoscha, Oberhausen
Druck und Bindung: Appl, Wemding